사람의 마음을 읽는 기술
변명

たった一言で相手の心が讀める

TATTA HITOKOTODE AITENO KOKOROGA YOMERU by SHIBUYA SHOZO
Copyright ⓒ 2003 by SHIBUYA SHOZO
All rights reserved.
Originally published in Japan by KEIZAIKAI Publishing Co., Ltd. Tokyo
Korean translation rights arranged
with KEIZAIKAI Co., Ltd. Tokyo Japan through UNION Agency, Seoul.

이 책의 한국어판 저작권은 UNION Agency를 통한 저자와의 독점 계약으로 동해출판에 있습니다.
신저작권법에 의하여 한국내에서 보호를 받는 저작물이므로 무단전재와 무단복제를 금합니다.

사람의 마음을 읽는
기술
변명

SKILLS TO READ
THE SOUL

시부야쇼조 지음 | 홍명조 옮김

동해출판

●● 목차

들어가는 글 말은 마음을 말한다 :: 10

말에 담는 마음
클라이맥스법과 앤티클라이맥스법
단도직입은 신뢰 관계의 증거
기질의 분류와 화법의 관계
왜 말이 많은 사람과 말수가 적은 사람이 있는가
남의 말에 귀를 기울인다

01 현대 사회에서 '변명'이란

변명은 성숙한 인간관계에 꼭 필요한 것 :: 24

1 변명은 '곤란한 것'인가
2 변명을 허용하지 않는 사회는 유치한 사회
3 당신은 변명을 용서할 수 있는가
4 인간관계의 윤활유
5 말의 형태에만 반응하지 말라
6 심층 심리와 성격을 잣는 한 가닥의 실

02 상대의 변명으로 읽을 수 있는 열일곱 가지 **심리**

변명의 배경에 있는 **욕구**와 **불만** :: 40

7 변명에는 열일곱 가지 타입이 있다
8 책임감을 파악할 수 있는 '욕구불만에서 나오는 변명'
9 낙천적인지 아닌지 알 수 있는 '원인 찾기의 변명'
10 자신에게 안이한지 어떤지 알 수 있는 '자기방어의 변명'
11 살아가면서 필요한 '도피의 변명'
12 왠지 용서해버리는 '자신의 잘못을 얼버무리는 변명'

03 일에서 사용되는 **변명**

오피스는 변명의 보고다 :: 60

13 궁지에서 빠져나가고 싶은 사람의 변명
14 "깜빡하고……"는 거절의 의미
15 지각, 결석했을 때의 변명
16 거절 잘하는 방법
17 칭찬하는 변명으로 실수를 얼버무린다

비즈니스 세계에서 쓰이는 상투어 분석 :: 69

18 칭찬하는 말 뒤에는 '보수가 적은 일'이 기다리고 있다
19 있을지 없을지 모르는 '마음에 드는 일'
20 예방선적인 말에서 자신감을 읽을 수 있다
21 '전화'로 변명하는 사람은 재미있다

책임의 변으로 알 수 있는 뜻밖의 심리 :: 77

22 관공서의 상투어
23 이런 말을 하는 상사의 본심
24 연락하지 못했던 '그럴싸한' 이유

패배나 실패를 인정하지 않고 억지 부리는 행동의 배경 :: 85

25 '무사안일주의'로 프라이드를 유지한다
26 "여기는 내가 있을 곳이 아니야."
27 '도박'의 승부에도 변명이

어린애 같은 변명을 하는 이유는? :: 91

28 '정당'한 이유라고 믿는 까닭
29 지각을 남의 탓으로 돌리는 사람은 태평한 사람
30 '시치미 떼는 사람'은 '유능한 사람'일지도 모른다

생활태도를 말해주는 변명 04

'결국에는'이라는 키워드 :: 98

31 타인을 끌어들여 무기력을 정당화
32 젊은데도 아무것도 하지 않는 사람
33 보너스가 적은 것은 누구의 탓인가?

"기억에 없습니다"에 숨겨진 깊은 의미 :: 103

34 의혹을 피하려는 변명도 각도를 바꿔보면
35 남의 탓으로 돌릴 수 있는 것은 거물이라는 증거
36 있을 수 없는 변명도 사용하는 사람에 따라
37 변명을 하고 뽐낸다
38 듣는 쪽이 신경 쓰고 마는 불가사의한 대사
39 미인의 변명 이면에 비뚤어진 주종 관계가 있다

정치인은 왜 태연하게 거짓말을 하는가 :: 112

40 일반 시민의 믿음을 이용
41 통용되지 않는 조크
42 비상식적인 발언은 안이함에서

정색은 부질없는 변명 :: 116

43 프라이드가 강하기 때문에 정색한다
44 '꺼림칙함'이 있으면 단정적인 표현으로
45 '담배'의 백해에도 이런 변명이

46 금연하지 못하는 사람의 심층 심리
47 괴로운 선제공격

자신에 대한 변명은 왜 하는가 :: 123

48 마음의 평형을 유지하기 위해서
49 혼자서 불만을 해소한다
50 능력의 저하를 나이 탓으로 돌린다
51 용서해주고 싶은 중년 남자

상식을 이용한 변명 :: 128

52 자신에게 엄한 사람은 사용하지 않는 변명
53 바보라고 인정하면 실수는 용서된다?
54 '여자는 힘 없음'을 무기로 한다

05 친한 사이에 입에서 나오는 한마디의 변명

변명에서 관계의 변화가 보인다 :: 134

55 평범한 변명으로 공감을 얻는다
56 '여러 가지'를 헤아리는 관계
57 상대의 자존심을 자극한다
58 일을 방패막이로 삼는다

• '생활력이 풍부한 남자의 기질'이라는 말의
진정한 의미 ∷ 140

59 바라는 것은 어느 쪽인가
60 "남자란 이런 것이다"라는 일반화
61 울지 않는 남자가 우는 효과

여심과 인생을 아는 이 말 ∷ 145

62 찰 때와 차일 때 본성이 나온다
63 본심은 '싫다'
64 종말이 가까운 두 사람 관계

나가는 글 변명을 이끌어내기 위해서 ∷ 150

변명을 허용하지 않는 분위기를 만들고 있지는 않은가
변명에 논리성을 요구하지 말라
남의 말은 별로 듣고 있지 않다

부록 마음을 읽는 심리 테스트 ∷ 159

변명하고 마는 심리를 읽는다—자의식도 체크
자신의 성격, 상대의 성격을 알 수 있다—프러스트레이션 내성 테스트
상대에 따라 변명이 변하는 이유는?—대인불안도 테스트

후 기 ∷ 174
이 책에서 든 변명의 사례 ∷ 176

들어가는 글

말에 담는 마음

말은 그 목적에 따라 크게 둘로 나눌 수 있다.

하나는 정보 전달을 위한 도구로서의 말인데, 극단적으로 말해서 마음은 아무래도 상관없는 그런 말들이다. 듣는 쪽도 마음을 읽으려고 하지 않는다.

또 하나는 마음을 전달하기 위한 말로, 그 말 안에 마음이 담겨 있다. 상대를 꾸짖거나 칭찬하거나 위로하거나 또는 변명하는 것도 이 그룹에 속한다.

이 책에서 문제삼는 것은 후자이며 마음을 담아 상대에게 뭔가를 전달하려고 하는 말이다.

커뮤니케이션이 원활하게 이루어지는가 그렇지 않은가는 어떤 말에 마음을 담을 것인가 혹은 받아들이는 쪽에서는 '마음이 담긴 말'을 어떻게 해석할 것인가에 달려 있다. 번거로운 것은 이런 종류의 말은 추상적이며 애매한 경우가 많다는 점이다.

정보를 전달하는 것만이 목적인 경우는 보다 정확히 전달하려고 하지만 마음을 전달하려고 하는 경우는 거기에 부끄러움이나 프라이드, 주저, 죄책감 등 아무튼 인간다운 마음의 움직임이 얽혀 있다. 매우 추상적인 것이다.

예를 들면 부탁 같은 것을 굳이 사양하고 싶을 때 혹은 실수했을 때 종종 사용되는 이유로 '컨디션'이 있는데 대부분의 경우 "몸의 상태가 좀 안 좋아서"라든가 "감기 들어서"라는 식으로 얼버무리는 표현을 한다.

왜냐하면 구체적인 거짓말은 하기 곤란하기 때문이다. 그것은 죄책감에서라는 것도 있을 테고 사람에 따라서는 조그만 모순이 드러나서 결점을 드러내는 것을 방지하기 위해서인 경우도 있을 것이다.

이것이야말로 이 책의 숨겨진 테마인 '변명'이다.

변명에는 평소의 대화에서는 알 수 없는 심정이 그 배경에 숨겨져 있다. 실수를 범하거나 잘못이나 미흡한 점을 지적받거나 추궁당했을 때 인간은 본질을 드러내기 쉽다. 어떤 식으로 변명하는가에 따라 성격은 물론이고 인생관까지 드러나 보이게 되는 경우도 있다. 이것은 제2장을 읽으면 알 수 있을 것이다.

일반적으로 변명은 좋지 않은 것이라 생각하기 때문에 빤히 들여다보이는 천박한 변명 같은 것을 하면 '무익한 인간', '일을 못하는 인간'이라는 낙인이 찍혀버리는 경향이 있다. 그러나 변명이라는 것은 그렇게 단순한 게 아니라는 점을 먼저 지적해두자.

이에 대해서는 제1장에서 상세히 설명하겠지만, 요컨대 변명하지 않는 사람이 반드시 좋다는 것은 아니고 변명을 하지 않기 때문에 오히려 인간관계가 어색해지는 경우도 있다.

또 변명에서 알 수 있는 성격 특징 중에는 낙천적이라거나 적극적이라는 긍정적인 면도 포함되어 있다.

물론 "입은 화의 근원"이라는 말이 있듯이 변명이 사태를 더욱 악화시키는 경우도 있다. 이에 대해서는 제3장부터 구체적인 사례를 들면서 설명할 것이다. 제3장에서는 변명으로서 사용하는 말의 예를 들어 그 배경에 있는 상대의 성격 특징이나 심정을 설명할 것이다.

말이라는 것은 단어의 조합에 의해서만 정보를 전달하는 것은 아니다. 표정이나 스피드, 말하는 순서 등도 정보 전달의 중요한 역할을 담당한다. 그래서 변명을 파고들기 전에 좀 더 테마를 넓혀 '마음과 말의 관계'에 대해서 언급해두고자 한다.

클라이맥스법과 앤티클라이맥스법

단순히 정보를 전달하기 위한 말이라도 어떤 정보를 먼저 받아들일 것인가는 각각 다르다. 그것을 대략적으로 분류하면 클라이맥스법과 앤티클라이맥스법으로 나눌 수 있다. 주제와는 관계없는 이야기부터 시작하여 분위기를 띄우고 나서 마지막으로 중요한 것, 말하고 싶은 것을 말하는 것이 클라이맥스법이며 처음에 중요한 것, 말하고 싶은 것을 말해버리는 것이 앤티클라이맥스법이다.

　클라이맥스법은 이야기를 잘하는 사람이 많이 이용하며 상대가 그 이야기에 흥미가 있어한다는 것을 알고 있는 경우에 많이 사용되는 방법이다. 요컨대 상대가 끝까지 이야기를 들어준다는 전제로 말하게 된다.

　클라이맥스법의 효과는 드라마를 상상해보면 알 것이다. 드라마는 결과를 알지 못하기 때문에 "앞으로 어떻게 될까?" 하며 열심히 본다. 그렇게 마음을 끌어놓고 핵심을 보여주는 것이다.

　그에 대해 앤티클라이맥스법은 상대가 흥미 없는 이야기를 할 때, 상대에게 이야기를 들을 마음이 없는 경우에 사용할 수 있다. 세일즈맨 등이 쓰는 화법은 앤티클라이맥스법이다. 거침없이 용건을 말해두지 않으면 고객은 떠나버린다. 전화라면 끊어버릴 것이다.

　그렇다면 정보를 받아들이는 측에서는 어떻게 생각하면 될까?

서론이 긴 클라이맥스법으로 상대가 변명을 해오면 "이 사람이라면 이야기를 들어주겠지"라는 기대가 상대에게는 있을지도 모른다. 그런데 이야기를 중단하거나 하면 그 신뢰 관계는 무너지고 커뮤니케이션이 원활하게 이루어지지 않게 될 가능성이 있다. 그렇지 않아도 변명은 말하기 곤란한 것이기 때문에 이야기를 끝까지 들어준다는 것이 중요하다.

상대가 앤티클라이맥스법으로 변명해오는 경우는 "이야기를 제대로 들어주지 않는 것은 아닐까?"라는 생각을 가지고 있을 가능성이 크다. 평소에 상대의 이야기를 중단시키는 행동을 하고 있지는 않은지 생각해보기 바란다.

단도직입은 신뢰 관계의 증거

클라이맥스법은 상대의 흥미를 끌어놓고 피크에 달했을 때 핵심적인 말을 하는 것이지만 이야기 분위기를 띄우는 것이 아니라 그저 우물쭈물하며 주제를 꺼내지 못하거나 분명히 말하지 않고 어물거리는 표현을 한다거나 서론이 길어지는 사람도 있다. 그래서 항상 거침없이 주제를 꺼내는 단도직입적인 표현을 하는 사람들도 있다. 이 둘 사이에도 성격의 차이가 나타난다.

"단신으로 적진 깊숙이 쳐들어간다"란 의미에서 '단도직입'이라는 말이 생긴 것 같다. 단신으로 위험한 곳으로 몸을 던지는 것이기 때문에, 첫째, 자기중심의 사고법이라 말할 수 있다. 대화도 자신의 형편에 따라 진행시키기 때문에 용건이 끝나면 상대에게 용건이 있든 없든 당돌하게 전화를 끊어버리는 것 등이 이 타입의 특징이다.

 그러나 한편 '사람이 좋다'는 면도 있다. 상대를 의심하지 않고 상대가 들을 마음이 있는지 없는지 확인하지 않고 본론으로 들어가기 때문에 낙천적이라 말할 수도 있다.

 시후 인사를 하거나 경기를 화제로 하거나 일의 상황을 묻거나 하는 것은 앞으로 용건을 꺼내도 될지 어떨지 상대의 속을 떠보기 위한 것이다. 말하기 곤란하면 곤란할수록 신중하게 상대의 속을 떠보고 싶어지는 것이 사람의 심리인데, 이런 타입은 그런 일을 하지 않는다. 전화로는 느낌이 좋지 않았던 사람이 만나보니 좋은 사람이었다는 경우가 의외로 많다.

 단도직입이라는 것은 관계의 친밀함을 의미한다는 측면도 있다. 친하면 친할수록 단도직입적인 표현을 쓰게 된다. 부모자식 간, 부부, 형제, 친한 친구끼리라면 시후 인사나 세상 이야기는 필요 없다. 거침없이 용건만 전달하면 된다.

 이런 친한 관계라도 때로는 서론이 길어지거나 무엇을 말하고 싶은지 모르는 경우가 있다. 장황하게 변명을 늘어놓는 경우도 있다. 그런 때는 숨기는 것이 있거나 죄책감이 있거나 한 경우라는 것은 누구나 알 것이다.

　예를 들면 직장에서 서로 단도직입적으로 대화를 나눌 수 있다면 그 인간관계는 양호하다고 말할 수 있다. 반대로 부하나 상사가 솔직하지 못한 표현만 하는 경우, 그들 사이에는 상당한 거리가 있으며 신뢰 관계도 구축되어 있지 않았는지도 모른다. 이런 관계를 언제까지나 방치해두면 상대로부터 정확한 정보를 얻을 수 없고 어느 날 큰 트러블이 발생하여 왜 좀 더 일찍 말하지 않았냐며 말이 거칠어지는 사태가 일어날 수도 있다.

기질의 분류와 화법의 관계

크레치머Kretschmer: 1888~1964, 독일의 정신의학자에 의한 기질 분류를 바탕으로 성격과 말하는 태도의 관계를 생각해보자.

　조울 기질(기분이 고조된 조躁 상태와 울鬱 상태를 번갈아 반복하는 타입)의 사람은 사교적이고 말 잘하는 사람이 많다. 재미있고 우스운 이야기를 하고 이야기의 테마도 풍부하기 때문에 무의식 중에 그들의 말에 귀를 기울이게 되는데 내용을 음미해보면 담박하고 얕은 이야기가 많다.

　분열 기질(과민, 민감함과 둔감함, 냉담함 양극의 감수성을 가지고 오히려 사교적이 아니라 자폐적인 타입)의 사람은 말은 많지만 수다스럽지 않다. 게다가 말이 이리저리 왔다갔다하며 종잡을 수 없거나 터무니없는 말을 꺼낸다. 또 야유가 섞인 말을 하는가 하면 거침없이 핵심을 찌르는 말을 한다. 때로는 상대의 마음을 찌르는 것 같은 말도 한다.

또 하나가 점착 기질(착실하며 정직한 타입)로, 이 타입은 이야기의 기승전결이 분명하다. 내용을 빠뜨리지 않고 정확하게 말하기 때문에 이야기 내용은 이해하기 쉽지만 아무래도 상관없는 정보까지 세세히 말해 듣는 사람은 지루해진다.

같은 말을 사용해도 그 사람이 어떤 타입인가에 따라 변명을 했을 때 인상이 달라지게 된다.

거꾸로 말하면 말하는 태도에 따라서 어느 정도 상대의 기질을 볼 수 있다. 첫 대면이나 별로 접할 기회가 없는 상대의 사람 됨됨이를 판단할 때 참고가 될 것이다.

왜 말이 많은 사람과 말수가 적은 사람이 있는가

변명을 수다스럽게 많이 하는 사람이 있는가 하면 더듬더듬 말하는 사람도 있다. 수다스러운 사람은 평소에도 말이 많고 더듬거리는 변명밖에 할 수 없는 사람은 평소에도 말수가 적은 사람이 많다.

그런데 말이 많은 사람과 말수가 적은 사람의 차이는 어디에서 오는 것일까?

말에는 '외언어外言語*'와 '내언어內言語**'가 있다. 우리들이 사용하는 언어는 '외언어'로, 머릿속에 떠오르는 말의 일부에 불과하다. 입에서 말을 하는 것과 동시에 우리들의 머릿속에서는 많은 말들이 난비하고 있다. 이것을 '내언어'라고 한다.

어린아이는 내언어가 전부 외언어화된다. 아이가 놀면서 중얼중얼 혼잣말을 하고 있는 것을 가끔 보는데 그것은 사람에게 전달하기 위한 말이 아니라 머릿속에서 난비하는 내언어가 밖으로 나오고 있는 상태다.

그것이 어른이 되면 외언어가 적어지고 많은 내언어가 머리를 난비하게 된다. 어린아이는 소리내서 책을 읽지만 어른은 소리를 내지 않는다. 이것도 마찬가지 변화에 기인한다. 어른이 됨에 따라 규제가 작용하여 내언어 그대로 놔두는 말이 늘어난다.

어른이 되고 난 후 말이 많은 것과 말수가 적은 것은 이 외언어와 내언어의 비율이 사람에 따라 다르기 때문에 나타나는 현상이

---

*외언어 타인을 향해 말하는 언어. 구체적 발성을 수반하는 커뮤니케이션의 기능을 갖는다.
**내언어 책을 묵독하거나 사고 활동을 할 때 머릿속에서 사용할 수 있는 구체적인 발성을 수반하지 않는 언어.

라 생각할 수 있다. 말이 많은 사람은 외언어화되는 말이 많고, 말수가 적은 사람은 외언어화되는 말이 적은 것이다.

이 필터는 관계의 친밀성에 따라서도 다르고 입장에 따라서도 다르다. 정치인이나 경영인같이 책임이 중한 입장에 있는 사람일수록 내언어가 많다. 반대로 무책임한 입장에 있는 사람일수록 외언어화하는 말이 많다

말이 많은 사람은 책임 있는 자리에는 적합하지 않지만 인품으로 볼 때 악인은 아니며 혹은 악인이 될 수 없다고 말할 수 있다. 내언어가 너무 많은 사람, 이른바 '무엇을 생각하고 있는지 모르겠는' 사람보다 안심할 수 있다는 얘기다.

물론 말수 적은 사람들 중에 악인이 많다는 뜻은 아니다. 문제는 내언어의 내용이며 그에 의해 그 사람의 인품이 결정된다.

다만 "수다스러운 사람을 주의하라"라는 통설이 있는데, 반드시 그렇지는 않다는 것이다. 특히 "남자는 과묵한 것이 좋다"라는 봉건시대적인 가치관이 지금까지 뿌리 깊지만 교제하는 상대로서는 외언어화되는 말이 많은 사람을 대할 때 더 안심할 수 있다. 일반적으로 '양면성이 없는 사람'에게 이런 타입이 많다.

외언어와 내언어의 밸런스는 관계의 친밀성에 따라서도 달라진다. 거리가 있는 관계일수록 외언어화되는 필터의 눈은 섬세해지고 내언어가 많아진다. 반대로 친하면 친할수록 필터의 눈이 굵어

지고 외언어화되는 말이 많아진다.

말수가 적다고 생각하고 있던 사람이 다른 장소에서는 잘 지껄여댄다는 경우가 있다. 그것은 필터 눈의 굵기가 변하기 때문이며, 이런 이들이 말이 적은 것은 관계에 거리가 있거나 혹은 상대가 거리를 두고 싶다고 생각하고 있기 때문인지도 모른다.

남의 말에 귀를 기울인다

지금까지 말과 마음의 관계에 대해 생각해보았다. 이 두 개의 관계는 단순하지 않고 때와 경우, 입장에 따라서 달라지기 때문에 여기서 전부를 말할 수는 없다. 그래도 말에는 마음의 정보가 복잡하게 담겨져 있다는 것만은 이해했으리라 생각된다.

상대와의 커뮤니케이션을 원활히한다는 점뿐 아니라 정보 수집이라는 측면에서도 사람의 말에 귀를 기울이는 것은 필수다. 남의 말에 귀를 기울이지 않거나 처음부터 필요 없는 정보라 단정하고 말을 중단시키면 가장 손해 보는 것은 그 사람 자신이다.

특히 변명은 듣고 싶지 않다며 아예 듣지 않으려는 사람들도 있는데, 궁지에 몰렸을 때 입에 담는 이런 변명에 바로 귀중한 정보가 꽉 차 있다. 변명에는 변명하는 사람 나름의 이유, 논리가 있는 것이다.

다만 그 논리는 외언어로는 나타나지 않는다. 시험삼아 변명을 받아 써보면 잘 알 수 있다. 단어 그 자체는 명료해도 실제는 조금도 이유가 되지 않거나 횡설수설하는 변명의 경우는 의미가 불분명해서 서투른 사람이 쓴 문장과 같다. 그만큼 끝까지 정확히 귀를 기울일 필요가 있는 것이다.

이 책에서는 많이 사용되고 있는 변명을 들어 그 배경에 있는 심리를 해설하고 있다. 이 책을 참고하면 지금까지와는 다른 시점에서 자신이나 주위 사람을 분석, 관찰할 수 있을 것이다.

그러나 그 목적은 변명하는 사람을 사정하거나 약점을 발견하거나 하는 것이 아니다. 사람은 모두 변명을 한다, 자신도 한다, 상사도 한다, 부하도 한다, 모두 변명하고 있지 않은가……. 이런 친구가 있다. 알았다 알았어, 이런 변명을 하고 싶은 거지? ……이런 식으로 해석하고 읽어주었으면 한다.

변명은 성숙한 인간관계에 꼭 필요한 것

1 변명은 '곤란한 것'인가

'변명'이라는 말에 어떤 이미지를 가지고 있는지 대학생들을 대상으로 설문 조사해보았더니 대부분이 부정적인 이미지라고 대답했다. 예를 들면 이런 식이다. '자신을 정당화하는 교활한 방법', '변명하는 자는 불쾌한 놈', '나쁜 것', '하고 싶지만 해서는 안 되는, 꼭 참아야 하는 것', '듣기가 괴로운 것', '아이들이나 유치한 사람이나 하는 짓', '한심하다', '비참하다', '떳떳지 못하다'.

이런 경향은 굳이 대학생에 한하는 것은 아니다. 기업에서 상사가 부하직원에게 "변명은 하지 마"라고 꾸짖는 장면은 결코 드문 상황이 아니다. 실제로 경영자 대상의 한 잡지 인터뷰에서 "부하가 변명만 늘어놓는데 어떻게 하면 좋겠는가?"라고 물었다. '변명하는 부하는 곤란한 사람', '변명은 해서는 안 된다'가 비즈니스 사회의 일반적인 인식이었다.

과연 그럴까?

부하의 변명은 곤란한 것일까?

실은 그것은 큰 오해다. 변명하고 있는 장면을 상기해보기 바란다.

변명은 모든 일의 사리나 사정을 설명하고 상대에게 이해를 구하는 행동이다. 다시 말해서 부하가 변명을 하는 경우 상사는 그 대화 속에서 부하나 그를 둘러싼 상황에 대해 여러 가지 정보를 얻을 수 있다. "음, 그래서 시간이 걸렸다는 건가?"라는 식으로 현장의 상황을 파악할 수 있게 되는 것이다.

예를 들면 "그 건은 처리했나?" 하고 부하에게 묻는다. "처리했습니다"라고 시원스럽게 거짓말을 하거나 "죄송합니다. 아직 처리하지 못하고 있습니다" 하고 머리를 숙여온다고 해서 어떤 이득이 있겠는가.

"A사와의 계약 건으로 몇 번이나 거래처에 불려가고 시간이 걸리는 바람에……"라는 등으로 부하가 변명을 하는 경우는 어떨까? A사 담당자의 사람 됨됨이가 보통이 아니라는 것을 알게 될 것이다. '무슨 핑계로든 사람을 그렇게 불러들인다면 아마도 고압적이고 역겨운 사람일 거야. 요주의……'라는 판단이 설 것이다. 그뿐이 아니다. '음, A사와의 계약에 그렇게 시간이 걸리고 있었나?' 하고 보이지 않는 현장의 수고를 파악할 수 있게 된다.

그리고 변명에는 그 사람의 성격이나 사고방식이 반영된다. 그런 의미에서 변명은 일종의 자기주장이라 할 수 있다. 그 주장에는 자기 위주의 주장이 있을지도 모르고 착각이 있을지도 모른다. 그러나 그렇다 하더라도 차분히 듣고 있으면 부하의 마음이 보인다.

말이 막히면서 횡설수설 종잡을 수 없이 변명하는 것은 그 부하가 자신이 저지른 실태의 중요성을 충분히 자각하고 있다는 뜻일지도 모른다. 많은 말을 하여 상황을 필사적으로 설명하려 하고 있다면 상사의 용서나 이해를 얻으려고 열심인 상태인 것이다. 이것은 부하의 자세로서는 성실한 것이라 할 수 있다.

때문에 그와 같은 부하의 변명을 듣고 "장황하게 늘어놓지 마", "변명하지 마"라며 다짜고짜 억압적으로 찍어누르거나 본질을 무시하고 관계없는 원인과 결과를 성급히 결부시켜서 '도움이 안 되는 놈'이라는 낙인을 찍는 것은 좋은 태도라 할 수 없다. 오히려 성실하게 일하고 있는 증거, 상사를 상사라 생각하고 있는 증거라 여기는 것이 마땅하다.

일을 무시하거나 상사를 업신여기고 무시하는 사람, 회사나 상사에 대해 강한 반감을 가지고 있는 사람은 변명에 노력을 허비하지 않는다.

2 변명을 허용하지 않는 사회는 유치한 사회

유아는 변명을 모른다. 그러다가 초등학생, 중학생으로 성장함에 따라 변명이란 것을 배운다. "미움받을 말만 지껄이고 있다", "순순히 '네'라고 하지 않는다"라는 등 부모가 투덜거리기 시작하는 것도 이 무렵부터다.

그런데 대학생 정도까지의 아이들의 변명은 대단히 천박하고 유치한 것이 많다. 대학생에게 과거의 변명 사례를 쓰게 해보면 자신의 처신만을 생각한 표면적이고 일시적으로 모면하는 변명만 죽 늘어놓는다. 예를 들어 수업에 지각했을 때 배가 아팠다고 한다거나 귀가 시간이 늦어졌을 때 친구가 갑자기 아파서 친구 아파트에서 간병했다는 등…….

그런데 사회인이 되고 실패나 고생을 거듭하여 복잡한 인간관계에 대해 고민하며 인생의 미묘한 사정을 알게 되면 변명의 폭이 훨씬 넓어진다. 유치한 변명이 튀어나오는 경우도 있지만 그때까지의 인간관계를 유지하기 위한 변명, 복잡해진 인간관계를 회복하기 위한 변명, 상대를 상처 주지 않기 위한 변명 등 한 차원 높은 수준의 변명이 늘어나게 된다. 변명을 잘할 수 있게 되는 것은 사회인으로서 성숙해졌다는 증거이기도 한 것이다.

또 성숙한 사회인지 아닌지도 변명을 할 수 있는 분위기를 가지고 있는지 없는지 여부로 헤아릴 수 있다. 변명이 허용될 수 없는 환경이란 '좋다', '싫다', '할 수 있다', '할 수 없다', '죄송하다'라는 짧고 단정적인 말만이 난비하는 유아의 세계와 같은 것이다. 그래서는 성숙된 사회라고 할 수 없다.

3 당신은 변명을 용서할 수 있는가

한 조직이 변명을 할 수 있는 분위기인가 그렇지 않은가는 관리자의 수완에 달려 있다. 부하의 변명을 들어줄 수 있는, 상사가 관대한 수완을 가지고 있는 조직이야말로 스트레스가 적고 일하기 쉬운 직장이며 성숙한 사회 그 자체다.

그런데 실제로는 변명을 허용하지 않는 곳이 적지 않다.

변명을 허용하지 않는 것은 정신적으로 약하고 여유가 없기 때문이다. 강한 개는 으르렁거리면서 상대가 어떻게 나오는지 그저 지켜보지만 약한 개는 느닷없이 달려들어 문다. 그와 같은 것이 인간의 심리에도 적용된다.

혹은 마이너스 경험(고생이나 실패)이 부족하고 포용력이 없고 성숙되지 않은 유치한 정신의 소유자일 것이다. 실패 경험이 적은 엘리트들 중에 이런 타입이 많다. 어떤 문제가 생기면 다른 사람에게 비판의 화살을 돌리고 반성이라는 것을 하지 않으려 한다.

이것을 심리학에서는 '외벌적外罰的* 행위'라고 하는데 '자신은 항상 옳다'고 하는 자신에 대한 과대평가가 그 배경에 있다.

이해력 부족, 창조력 부족이라는 점도 있을 것이다. "요즘 젊은 사람들은……"을 연발하며 문제가 생기면 자신을 반성하지 않고 젊은 놈들 탓임에 틀림없다고 믿는 관리자들이 바로 그러한 예다.

"요즘 젊은 사람들은……"을 입에 담는 순간 자신의 이해력과 상상력의 부족을 드러내고 있음을 깨닫지 못하고 있는 것이다. 간단히 말해서 그런 관리자는 머리가 딱딱하게 굳어져 있다고 할 수 있다.

머리가 딱딱하다는 것은 방어심이 강하게 작용하고 있다는 뜻이다. 심리학에서는 이런 마음의 움직임을 '방어기제(또는 방어기구)'라고 부른다. 자신을 정당화하여 자신은 잘못이 없다고 믿는 것이다. 그 작업이 마음속에서 행해진다.

왜 그럴까? 자신의 능력 부족을 인정하면 괴롭기 때문이다. 그 괴로움을 무의식중에 마음이 쫓아버리려고 하는 것이다.

요컨대 자존심을 상하지 않게 하기 위한 방어 수단이라 할 수

---

*외벌적extrapunitive 생각대로 일이 진행되지 않을 때 그것을 자신 이외의 사람, 상황이나 타인의 탓으로 돌리려는 경향

있다.

권위주의적인 사람도 변명을 허용하지 않는다. 이 타입의 사람은 사람과의 사이에 거리를 두고 싶어하고 아랫사람과 대등하게 취급받는 것을 몹시 싫어한다. "상사에게 무슨 짓이야!", "신참인 주제에 건방진 소리 하지 마!" 등의 말을 빈번히 입에 담는다. 혹은 무조건 꾸짖고 상대가 입을 다물게 함으로써 자신의 권위를 강조하고 확인하려 한다.

때문에 부하가 사정을 설명하려고 해도 그것을 무시하여 자신이 하고 싶은 말을 일방적으로, 강한 어조로 계속 말한다.

일하기 쉬운 환경을 조성하는 것은 관리자가 해야 할 중요한 일 중 하나다. 그렇다면 변명을 대강 들어주고 때로는 변명을 눈감아 줄 정도의 기량이 있는 사람이야말로 관리자로서 어울린다고 결론지을 수 있다.

변명을 대강 들어준 후에 "어쩔 수 없군" 하고 관리직이 내뱉는 한마디. 그 한마디로 그때까지 잔뜩 긴장되어 있던 사무실 분위기가 부드러워지는 경우가 있다. 그런 사람은 틀림없이 부하로부터 두터운 신뢰를 받게 될 것이다.

인간관계의 윤활유 4

넘칠 것 같은 정보 속에서 계속 자극을 받고 있으면 스트레스가 높아져서 신경증이나 출근 거부 등 대인기피 증상이 나타난다. 이와 같이 정보가 너무 많아서 전부 처리할 수 없는 상황을 과잉 부하負荷 환성이라고 한다.

현대는 어디나 과잉 부하 환경이다. 누구나 언제든 신경증에 걸려도 이상하지 않을 상황에 있다. 그럼에도 불구하고 대부분의 사람이 마음의 건강을 유지할 수 있는 이유가 무엇일까?

사회심리학에서는 과잉 부하 환경에 대처하는 데는 네 가지 방법이 있다고 한다.

하나는 정보에 자극받는 시간을 짧게 하는 것이다. 접수 담당 여직원이 최소한의 필요한 대화로 고객을 응대하는 것이 이에 해당된다.

두 번째는 중요하지 않은 자극을 무시하는 것이다. 식사를 하러 갔을 때는 음식점의 간판만 눈에 들어오고 다른 간판은 거의 보지 않는다. 그렇게 함으로써 쓸데없는 정보로부터의 자극을 셧아웃shutout하는 것이다.

세 번째는 타인과 직접 접촉하지 않고 사회적인 기관으로 하여금 중개하게 하는 것. 변호사나 법원의 이용 등이 바로 그 예다.

그리고 네 번째는 책임을 타인에게 전가하는 것이다. 길가에 사람이 쓰러져 있어도 자신에게는 책임이 없다 생각하고 지나쳐버리는 등의 행위가 그것이다.

변명을 지나치게 사용하면 신용이 떨어진다. 근무 태도가 나쁜 사람은 변명을 해도 통하지 않는다. 그러나 남들과 마찬가지로 성실하게 근무하고 있는 사람이 마지막 카드로 가끔 사용하는 변명은 스트레스를 줄이는 약이 되기도 한다.

변명하는 쪽만 그런 것은 아니다. 변명을 듣는 쪽에게도 약이 될 수 있다는 것을 알고 있는가?

'거짓말도 하나의 방편'이라는 건 심리학적으로도 합당한 말이다. 진실을 말함으로써 사람의 마음이 상처를 입거나 인간관계에 균열이 생기거나 하는 경우도 있기 때문이다. 상대의 마음에 필요 없는 스트레스를 주지 않으려면 때로는 거짓말도 필요하다.

그와 똑같은 것이 변명에도 적용된다.

예를 들어 지각을 했다고 하자. 왜 늦었는지 추궁당했을 때 "가고 싶은 기분이 아니어서 우물쭈물하다가 늦었습니다"라고 진실을 말하면 어떻게 되겠는가? 아주 친한 친구 사이라면 그런 본심도 좋겠지만 이것이 회사라면 어떨까?

이런 본심을 말하는 사람은 거의 없다고 생각되는데, 아무리 생각해도 의미가 없는 '정직함'이다. 인간관계에 틈이 벌어지지 않게 하기 위해서는 비록 거짓이라도 "나오는데 갑자기 전화가 걸려 와서 그만……" 하고 변명하는 편이 낫다.

이런 경우 기다리고 있는 쪽은 본심을 듣고 싶어서 묻는 것이 아니다. 그렇다고 죄송하다는 사과의 말을 듣고 싶은 것도 아니다.

기다리고 있는 동안 "왜 오지 않을까?", "올 생각이 없는 걸까?" 하고 이것저것 생각을 하고 있었을 것이다. 이는 상당한 스트레스다. 사람은 불쾌한 감정을 갖게 되면 무의식중에 거기서 도망치려고 한다. 이것은 변명의 동기 중 하나인데, 실은 변명을 듣는 쪽에서도 볼 수 있는 심리다.

기다린 불쾌감에서 벗어나는 지름길은 부득이한 사정으로 늦었다는 말을 듣는 것이다. 그 말을 듣는 순간 불쾌감이 누그러져서 안심하게 되고 기다린 스트레스에서 해방된다.

변명함으로써 상대로 하여금 안심하게 할 수 있는 것이다. 변명에는 그런 효용이 있다는 것도 기억해두기 바란다.

5 말의 형태에만 반응하지 말라

미국에서 행해진 재미있는 실험이 있다. 인간의 행동에도 넓은 의미에서의 '알고리듬algorithm'이 있다는 것을 보여주는 실험으로, 상당히 흥미롭다.

알고리듬이란 한 문제를 풀기 위한 계산과 순서이며, 반드시 해답이 있다는 것이다. 컴퓨터의 프로그램은 이 알고리듬을 인풋한 것으로, 그에 의해 컴퓨터는 정보를 인풋하기만 해도 해답, 즉 우리들이 구하고 있는 결과를 내준다.

실험의 내용은 다음과 같다.

복사기를 사용하고 있는 사람이 있다. 거기에 다른 사람이 끼어들어서 "카피 좀 할 수 있게 해주십시오"라고 말했을 때 복사기를 사용하고 있던 사람은 어떤 반응을 보일까? 결과는 약 70퍼센트의 사람이 카피 작업을 중단하고 양보하더라는 것이다.

그런데 당신은 이 결과를 어떻게 보는가?

냉정히 생각해보면 "카피 좀 할 수 있게 해주십시오"라는 말만 듣고 양보하는 것은 이상하다. 거기에 있는 사람은 누구나 카피를 하고 싶은 것이며, 당연히 온 순서에 따라 복사기를 사용하는 것이 인간 사회의 룰이다. 때문에 어떤 이유가 있어서 순서를 건너뛰고 싶으면 "5분 후면 회의가 시작되기 때문에 몹시 급합니다", "고객들에게 건네주어야 하기 때문에 급합니다" 등의 이유를 상대에게 전함으로써 이해를 구해야 한다.

그런데 나중에 온 사람의 카피하고 싶다는 말만으로 양보하는 이유는 무엇일까? 그것은 인간에게도 알고리듬이라는 것이 인풋

되어 있어서 A라고 말하면 B라는 식으로 단순히 결론을 내버리는 부분이 있기 때문이다. 요컨대 말의 형태에 반응해버리는 것이다.

변명을 들었을 때의 반응에도 이러한 것이 있다. "실은 저……"라는 말만 듣고 "변명하지 마" 하고 말을 가로막는 것은 알고리듬으로 반응해버리기 때문이다. "카피할 수 있게 해주십시오"라고 말해왔을 때 "왜 당신에게 양보를 해야 합니까? 차례를 기다리는 것이 룰 아닙니까?" 하고 일일이 트집을 잡아 시비를 걸고 있으면 인간관계가 원만하지 못하게 된다. 때문에 말의 형태에 반응하는 것은 어느 정도는 필요한 것이다.

그런데 변명에 관해서 말하자면 끝까지 말을 정확히 들어주는 것이 좋다. 말의 허리를 끊으면 필요한 정보를 알아내지 못할 수도 있다. 성급한 사람은 이런 경향이 강하기 때문에 주의가 필요하다.

이와 비슷한 것으로 경어가 있다.

요즘 젊은이들은 말하는 법을 모른다거나 경어를 사용하지 못하는 사람이 늘어나고 있다는 염려의 말이 나돌기 시작한 지 오래다. 나 같은 사람도 부모자식 정도의 나이 차이가 있는 학생으로부터 "이봐요, 잠깐만요……"라며 말을 걸어오는 데에는 놀라지 않을 수 없었다. 평소와는 달리 기분이 언짢거나 하면 사소한 일에도 불끈하는 경우도 있지만, 그렇지 않는 한 예민하게 반응하지 않으려 한다.

　경어도 말의 형태에 불과하다. 요컨대 도구일 수밖에 없기 때문에 그것에 구애되어 그렇게 말을 거는 학생의 말을 듣지 않는다는 것은 본말전도가 아닌가 생각하는 것이다. 경어를 사용하지 못해도 매우 순수하고 나무랄 데 없는 훌륭한 아이도 적지 않다.

　변명도 이와 마찬가지로, 변명을 할 때도 있지만 진지하게 일에 임하는 사람이 있다. '변명'하는 인간은 안 된다고 단정하는 것은 현명하지 못한 일이다.

6　심층 심리와 성격을 잣는 한 가닥의 실

　요컨대 "변명하지 마!"라고 딱 자른다면 모처럼의 찬스가 물거품이 된다. 변명은 그 상대의 심층 심리나 성격 특징을 잣는 하나의 가는 실인 것이다.

　국회 답변이나 기자회견장에서, 그리고 직장에서, 가정에서 여러 가지 변명이 넘쳐 나고 있다. 이런 잡다한 변명들은 막연한 것처럼 보이지만 심리학적으로 정리, 분류할 수 있다(제2장에서 자세히 이야기할 것이다). 또 이런 변명에서 각각의 사람들의 개성을 알 수 있다.

"거짓말도 하나의 방편"이라는 말이 있듯이 "변명도 하나의 방편"이다. 변명에도 좋고 나쁜 것이 있어서 '좋은 변명'일 때는 변명하는 쪽도, 변명을 듣는 쪽도 '납득할 수 있기' 때문에 다음에 원한을 남기지 않는다.

일반적으로 변명을 정당화하기 위해 잇따라 다른 변명들을 하기 때문에 변명할수록 나빠진다는 생각이 일반적으로 인정되고 있는 것이다.

특히 남에게 폐를 끼치거나 불쾌감을 주거나 하는 '나쁜 변명'은 말하는 사람 자신의 목을 졸라온다. 반대로 변명을 듣는 쪽은 상대를 알 기회가 된다.

비록 불쾌한 변명, 책임을 회피하려는 변명을 들었다 해도 "틀린 녀석이다!" 하고 혀를 차고 만다면 다음으로 이어지지 않는다. "이 기회에 상대의 마음이나 성격을 낱낱이 분석해주겠다" 하고 적극적으로 생각해보면 어떨까?

예를 들어 변명을 해오면 "그런 일이 정말 있었을까?", "아무래도 납득이 안 가는데 어떻게 된 거야?" 등 의문문을 많이 사용하여 생각해본다. 혹은 말에 대꾸하지 말고 침묵하며 상대의 반응을 살핀다. 상대는 최초의 변명을 변호하기 위해 말을 이어나갈 것이다. 거기에서 본심이 드러날 가능성도 있는 것이다.

그러면 이제부터 변명의 분석을 시작해보자. 제2장에서 개론적인 것을 기술하고 제3장부터 구체적인 사례를 들면서 각론으로 들어갈 것이다.

02
상대의 변명으로 읽을 수 있는 열일곱 가지 심리

**변명의
배경에 있는
욕구와
불만**

7 변명에는 열일곱 가지 타입이 있다

　변명을 마음의 움직임에서 분석해보면 '욕구불만에서 나오는 변명', '원인 찾기의 변명', '자기방어의 변명', '도피의 변명', '자신의 잘못을 얼버무리는 변명'의 다섯 가지로 나눌 수 있다. 그리고 좀 더 세밀하게 살펴보면 각 분류는 다시 세분화할 수 있으며 합쳐서 열일곱 종류가 된다.
　요컨대 많이 사용되는 변명의 이면에 있는 심리는 다음과 같은 열일곱 가지 타입으로 나눌 수 있다.
　제3장부터는 변명의 구체적인 사례를 들면서 그 이면에 있는 상대의 심리를 읽는 방법에 대해서 살펴볼 것이다. 여기에는 다음 분류가 적용된다. 각각의 특징을 머릿속에 넣어두기 바란다.

● 욕구불만에서 나오는 변명
  ① 책임을 전가하는 '외벌형'
  ② 자신을 나무라는 '내벌형'
  ③ 무사안일주의의 '무벌형'

● 원인 찾기의 변명
  ④ 자신 외의 다른 것에서 원인을 찾는 '외적 귀속형'
  ⑤ 자신 속에서 원인을 찾는 '내적 귀속형'

● 자기방어의 변명
  ⑥ 불리한 것은 무시하는 '억압형'
  ⑦ 책임을 분산시키려 하는 '투사형'
  ⑧ 상대를 말려들게 하려는 '동일시형'
  ⑨ 사소한 것을 들추어 잘못을 얼버무리는 '합리화형 Ⅰ'
  ⑩ 자신의 능력을 과대평가하는 '합리화형 Ⅱ'

● 도피의 변명
  ⑪ 선수를 쳐서 도망치는 '셀프핸디캐핑*형'
  ⑫ 주위의 의표를 찌르고 도망치는 '자기만족형'
  ⑬ 편리한 결론으로 도망치는 '인지적 불협화형'

● 자신의 잘못을 얼버무리는 변명
⑭ 궤변을 지껄이는 '일반화형'
⑮ 아첨하는 '영합형'
⑯ 권위를 이용하는 '헤일로halo 효과형'
⑰ 호가호위하는 '영광욕형'

그러면 각 타입이 어떤 심리로 변명을 입에 담고 있는지, 또 그들이 어떤 성격이며 어떤 인생관을 가지고 있는 사람들인지 알아보도록 하자.

8   책임감을 파악할 수 있는 '욕구불만에서 나오는 변명'

사람은 여러 가지 정신적 중압감을 받으며 사는데 그 힘이 너무 강하면 욕구불만(욕구를 채우려 하는 마음의 움직임이 방해된 상태)에

---

*셀프핸디캐핑self-handicapping   심리학 용어이다. 시험 때 "나 공부하지 않았어"라고 말하는 사람이 있다. 점수가 나쁠 때를 대비해 공부를 많이 하지 못했다는 이유를 사전에 준비하여 자존심을 지키는 것이다. 요컨대 점수가 낮은 것은 자신의 능력 탓이 아니라는 것을 자기 자신과 주위 사람에게 어필하고 있는 것이다. 반대로 점수가 높으면 악조건에도 불구하고 좋은 성적을 냈다는 것으로 자존심은 유지된다. 결과는 어떻든 프라이드는 상처입지 않고 무마하는 자기방어의 일종.

빠진다. 그리고 그 상태가 오래 계속되면 견딜 수 없기 때문에 거기서 도망치기 위해 여러 가지 행동을 취한다. 곤란할 때, 즉 환경으로부터의 정신적 중압감이 높아져서 마음이 긴장 상태에 있을 때 나오는 변명 역시 그런 현상 중 하나라고 할 수 있다.

욕구불만을 해소하기 위한 행동은 크게 세 가지로 나눌 수 있다. 다른 누군가를 비난하는 외벌적인 행동, 자신을 나무라는 내벌적인 행동, 아무도 책하지 않는 무벌적인 행동이다. 욕구불만을 해소하는 변명 역시 마찬가지로 분류할 수 있다.

외벌형, 내벌형, 무벌형 중 어떤 변명을 많이 사용하는가를 보면 그 사람이 욕구불만에 빠졌을 때의 행동 패턴을 알 수 있다.

① 책임을 전가하는 '외벌형'

어디까지나 자신에게 잘못이 없다, 자신에게 책임은 없다고 주장하고 자신 외의 다른 것에서 원인을 찾아 책하는 타입이다. "젊은 놈이 나쁘다", "상사가 사람 부리는 법을 모른다", "클라이언트가 무능하기 때문에" 등의 말이 이에 해당된다.

자신에게 엄하고 결벽하며 정직한 사람은 이와 같은 변명을 좋아하지 않는다. 책임을 남에게 전가하는 변명을 해서는 안 된다는 강한 의식을 가지고 있기 때문이다.

뭔가 곤란한 일이 있으면 세상이나 주위에 적의를 갖는 외벌적 경향이 강한 사람이 이런 변명을 많이 사용하는 편이다.

혹은 이런 변명을 하는 데 저항감이 별로 없는 사람은 오히려 매사에 무사태평한 타입인 경우가 많다. 따라서 스트레스도 적다.

스트레스를 회피하는 데는 편리한 변명이라 할 수 있지만 반면 사회인으로서는 마이너스 평가의 한 원인이 되기도 한다. 이런 변명을 많이 사용하면 주위로부터 "변명만 늘어놓는 못돼 먹은 놈", "책임감이 없는 놈", "교활한 놈"이라는 낙인이 찍혀버린다.

상사가 부하직원에게 "변명만 늘어놓지 마" 하고 자신도 모르게 한마디 해주고 싶은 것이 바로 이런 타입의 변명이다.

② 자신을 나무라는 '내벌형'

원인은 자신에게 있다며 자신을 나무라는 타입이다. "내가 미흡하여 이렇게 되었습니다", "내가 감독을 제대로 하지 못했습니다" 등이 있다.

뭔가 장애에 부딪혔을 때 자기 자신을 책하고 비난하여 후회하는 마음이나 죄책감에 사로잡히는 타입이라면 변명도 자신을 책하는 '내벌적' 변명을 하게 된다.

주위에는 나쁜 인상을 주지 않지만 본인으로서는 결코 바람직하지 않다. 책임을 남에게 전가하는 외벌적 변명이라면 말함으로써 본인의 스트레스가 경감되지만 내벌형은 반대다. 자신의 책임을 입에 담음으로써 그것을 재인식해버린다.

변명함으로써 스트레스가 높아지고 극단적인 경우에는 노이로제에 걸리는 경우도 있다. 따라서 이와 같은 타입의 상대에게는 신중히 대응하는 것이 좋다. "왜 그렇게 되었나?", "모두 너의 탓이다"라는 식으로 추궁하는 말은 해서는 안 된다.

다만 주위의 평가를 계산에 넣고 책임을 지는 포즈만 취하는 말뿐인 내벌형도 있다. "모두 나의 책임입니다"라고 말하면서 속으로는 "이렇게 말해두면 무난하지" 하며 혀를 내미는 경우다.

이와 같은 케이스에서는 역시 본인은 무사태평하다. 스트레스를 적당히 처리할 수 있는 유형이다.

③ 무사안일주의의 '무벌형'

자신이 나쁜 것도 아니고 다른 누군가가 나쁜 것도 아니고 어쩔 도리가 없었던 것이라고 말하는 타입이다. "나가려고 하는데 전화가 걸려오는 바람에……" 등이 이에 속한다.

일어나버린 일은 어쩔 도리가 없다며 어떻게든 노력하여 개선해나가려고 하는 적극적이고 낙천적인 사람이 종종 사용하는 대사다. 스스로 자신을 추궁하는 일은 없고 그렇다고 해서 주위 사람들에게 '무책임'하다고 힐책당하는 일도 없다.

다만 정치인이나 공무원이 이런 변명을 사용하는 경우는 다르다. 그럴 경우는 '무책임' 그 자체가 된다. 공공의 행복을 추구하는 일에 무벌형의 사람은 맞지 않다.

9 낙천적인지 아닌지 알 수 있는 '원인 찾기의 변명'

우리들은 자신의 행동이나 그것이 가져온 결과에 대해서 무의식중에 원인 찾기를 시작한다. 특히 나쁜 결과가 나왔을 때는 그 작업을 행하지 않고서는 못 배긴다.

변명에도 그런 마음의 움직임이 잘 나타나 있는 것이 적지 않다.

뭔가 실패하거나 하면 그때 자신의 행위나 결과가 어떤 원인으로 인해서 일어나게 되었는지 찾아낸다. 그 분석 결과가 변명이 되어 입에서 나오는 것이다.

원인 찾기는 크게 두 가지 방향으로 나눌 수 있다. 자신 속에서 원인을 찾아내려고 하는 '내적 귀속'적 방법과 자신 외의 다른 것에서 원인을 찾아내려고 하는 '외적 귀속'적 방법이다. 변명에도 그 방향성의 차이가 잘 나타난다.

앞에서 얘기한 외벌형, 내벌형과 비슷한데 이런 경우는 특정한 누군가를 책하는 일은 없다. 원인을 찾아내는 시점에서 그치는 것이 특징이다.

④ 자신 외의 다른 것에서 원인을 찾는 '외적 귀속형'

문제가 일어났을 때 원인을 자신 외의 다른 것에서 찾는 변명이다. 외벌형과 다른 것은 특정한 사람을 나쁜 사람으로 몰거나 책하거나 하지 않는다는 점이다. "체제가 잘못되어 있다", "세상이 잘못되어 있다", "시기가 나빴다"라고 말한다.

이와 같은 변명을 하는 것은 돈키호테와 같이 낙관적이고 적극적으로 돌진하는 타입인 경우가 많다. 주위에서도 "무책임한 인간", "못돼 먹은 놈" 등 마이너스 평가를 하는 일은 없다. 스트레스와도 잘 어울려나갈 수 있는 타입의 인간이다.

⑤ 자신 속에서 원인을 찾는 '내적 귀속형'

원인을 자신 속에서 인정하는 변명이다. 내벌형과 달라서 자신을 책하는 일은 하지 않는다. "나의 노력이 부족했습니다"라고만 말하는 것이 이 타입으로, "나에게는 사람을 부릴 만한 능력이 없었다는 겁니다"라는 말까지 하면 내벌형이 된다.

책임 전가는 하지 않고 모든 것을 겸허하게 받아들이는 사람, 한결같은 태도로 일에 임하는 사람이 사용한다. 또 오히려 햄릿과 같이 고민을 자기 혼자 안기 쉬운 타입이기도 하다.

이런 사람에게는 고민을 토로하게 해주는 배려가 필요하다. 책임감이 강하기 때문에 걱정할 것 없다고 방치해두면 골똘히 생각하다 뜻밖의 행동으로 나오는 경우가 있으니 주의가 필요하다.

10 자신에게 안이한지 어떤지 알 수 있는 '자기방어의 변명'

불안이나 공포, 죄책감 등 마이너스 감정을 계속 안고 있는 것은 괴롭다. 그래서 우리들의 마음에는 그런 괴로운 감정의 원인으로 되어 있는 것을 잊어버리려 하는 무의식적인 작용이 있다. 심리학에서는 이 작용을 '방어기제'라 한다. 간단히 말해서 무의식중에 자신을 보호하려 하는 것이다.

이런 작용이 있는 덕택에 우리들의 마음은 건강을 유지할 수 있다. 만약 이 작용이 없었다면 우리들은 불쾌한 감정에 짓눌려서 지옥과 같은 매일을 보내야 할 것이다.

변명은, 말하자면 크든 작든 자신을 보호하기 위해서 하는 것이라고 할 수 있다. 다만 여기서 소개하는 것은 특히 그 경향이 강하며 자신에게 안이한 인간이 좋아하는 변명이다.

⑥ 불리한 것은 무시하는 '억압형'

마음을 보호하는 작용 중에는 자신의 잘못이나 자신에게 불리한 사실에 대해 어렴풋이 느끼고 있지만 그것을 무의식의 세계로 쫓아 보내는 것이 있다. 불리한 것은 "듣지 못했다", "몰랐다"라고 해 버리는 것이다.

그런 마음의 움직임이 나타난 변명이 이 타입이다. 트러블이 계속될 때 원인을 밝혀내서 생각하는 것을 피하여 "요즘 운이 나쁘니까" 하고 그만두고 만다.

다음의 '투사형'도 그렇지만 자신에게 안이한 타입의 사람이 주로 쓰는 변명이다. 이런 사람은 책임감이 약한 경향이 있지만 곤란할 때는 적당히 피하기 때문에 스트레스에 짓눌리는 일도 없다. 보통의 샐러리맨에게 많은 타입이 아닐까 한다.

⑦ 책임을 분산시키려 하는 '투사형'

자신의 생각이나 마음을 직접적으로 표현하지 않고 다른 누군가의 행위라고 주장함으로써 도망치는 변명이다. 거기에는 책임을 분산시켜서 자신의 마음을 조금이라도 편히 하고 싶다, 책망에서 도망치고 싶다는 의식이 작용한다.

예를 들면 자신이 A라는 사람을 싫어하고 있는 경우 "A가 나를 싫어한다"라고 말한다. 혹은 연인을 냉정하게 차버린 경우에 "내가 차였어"라고 말하며 도망치는 것이 이에 해당된다.

⑧ 상대를 말려들게 하려는 '동일시형'

방어기제 중 자신의 잘못이나 심정을 일반화, 추상화함으로써 원인을 애매하게 하고 또 "너도 같은 부류지"라는 식으로 상대를 말려들게 하여 한 동아리임을 강요하려 하는 변명이다.

실수를 지적해준 동료에게 "너도 기억에 있을 거야", "누구나 자신이 제일 사랑스러운 법이야"라는 식으로 말하는 것이 이에 해당된다. "결국에는……"으로 시작되는 변명도 이 타입에 포함된다.

정론을 말하고 있는 것 같지만 실은 교활한 변명이다.

곤란에 맞서려 하지 않는 사람이며 대단히 무책임하고 순수하지 못하다. 일의 파트너로서는 신용할 수 없는 타입이라 할 수 있다.

⑨ 사소한 것을 들추어 잘못을 얼버무리는 '합리화형 Ⅰ(새콤한 포도형)'

문제가 생겼을 때 잘못의 화살이 자신에게 돌아오지 않도록 그럴싸한 이유를 대고 자신을 납득시켜버리는 경우가 있다. 이런 행동을 '합리화'라고 한다.

예를 들면 《이솝 우화》에 이런 이야기가 있다. 여우가 포도송이를 따려고 하는데 손이 닿지 않는다. 여우는 "이 포도는 맛있을 것 같지만 사실은 시어" 하고 각본에 없는 즉석 대사를 남기고 떠난다…….

본질이 아닌 것을 크게 내세워 자신의 미흡함을 인정하지 않는 것이 이 타입이다.

일의 진척이 없을 때 "여러 가지 일이 있었지만 공부가 되었다"라고 말하거나 도박에서 초심자가 돈을 따거나 했을 때 "아마추어는 잘 맞는다"라고 말한다. 간단히 말하면 지기 싫은 것이다. 오기가 있는 사람이 입에 담기 쉬운 변명이라 할 수 있다.

⑩ 자신의 능력을 과대평가하는 '합리화형 II(달콤한 레몬형)'

합리화에는 '달콤한 레몬의 논리'라 불리는 것도 있다. 충분한 성과를 내지 못했을 때 "그 정도면 훌륭한 거야" 하고 자신의 능력을 안이하게 높이 평가하고 마는 마음의 작용이다. 이 논리를 변명에 사용하는 것은 엘리트 의식이 강한 사람에게 많다. 경쟁의식이 강하고 타인에게 인정받고 싶다고 생각하는 '승인 욕구'가 강하기 때문이다.

"정말 대단했다", "평소보다 어려웠다"라고 말하는 것도 이 타입의 변명. 자신의 힘이 미치지 못했다는 것을 인정하고 싶지 않은 것이다.

이 타입은 조직으로서는 상당히 다루기 어려운 사람이라 할 수 있다. 정리해고로 인해 일류 기업에서 부득이하게 퇴직하게 되는 사람 중에는 재취직이 어려운 사람이 적지 않다고 한다. 그런 사람들 중에 이런 타입이 많을 것이다.

11 살아가면서 필요한 '도피의 변명'

가정교사를 대상으로 한 이런 연구 보고가 있다. 제자의 성적이 좋아지면 가정교사들의 대부분이 "나의 가르치는 방법이 좋았다", "내가 지도했기 때문이다"라고 생각하고, 성적이 오르지 않으면 "저 아이에게 하고자 하는 의욕이 없다", "아무리 말해도 저애는 안 된다"라고 생각한다는 것이다.

모든 일들이 잘되면 자기 실력이고 안 되면 운이 없었기 때문이며 자기 외의 다른 사람의 탓이다. 사람은 누구나 자신의 행위를 편애하는 눈으로 보는 법이다.

우리들이 자신 있게 살아가기 위해서는 이런 마음의 움직임이 필요하다. 동시에 타인의 평가가 있은 후의 자신自信이기 때문에 주위에 대해서도 편애하는 눈으로 평가를 끌어내려고 마음속으로 생각하고 있는 것이다. 때문에 변명도 이런 심리에 의한 것이 적지 않다.

⑪ 선수를 쳐서 도망치는 '셀프핸디캐핑형'

잘못이나 약점을 지적받기 전에 자신이 자신에게 핸디캐핑하여 그로 인해 모든 일이 생각한 대로 안 되었다고 주장하는 변명이다. "좀 더 젊었더라면", "나는 여자니까" 등 나이나 성별로 인한 핸디캐핑을 강조하는 경우가 많다.

주위에 용서를 구하는 동시에 자신에 대해서도 변명하여 자기 변호하려고 하는 것이다. 또 사전에 핸디캐핑이 있음을 공언하는 경우도 있다. 의뢰심이 강한 사람, 자신이나 지위를 지키려 하는 사람이 무의식중에 입에 담는 변명이다.

이런 사람은 무엇을 시켜도 불만을 늘어놓고 변명으로 뭉친 인생을 보내는 경향이 있다. 이런 이들은 적당한 간격을 유지하며 교제하거나 혹은 멀리하는 것이 좋을 것이다. 무슨 일이 일어나도 핸디캐핑을 주장하여 자신을 보호하려 하기 때문에 내버려 두어도 궁지에 몰리는 일은 없다.

⑫ 주위의 의표를 찌르고 도망치는 '자기만족형'

타인에 대해 어느 정도의 설득력을 갖지 못하면 변명은 변명으로밖에 통용되지 못한다.

그런데 사람에 따라서는 주위의 반응 따윈 상관없이 혹은 논리의 비약을 아무렇지 않게 생각하고 전례가 없는 변명을 연발하는 타입이 있다.

변명을 듣는 쪽은 골탕을 먹게 되지만 변명하는 사람의 인품에 따라서는 그래도 허용되는 경우가 있다.

뿐만 아니라 조크로서도 통용되고 그 자리를 부드럽게 한다는 부산물까지 따라오는 경우도 있다. "그녀가 좀처럼 놓아주지 않아서 늦었습니다" 등이 이 타입의 변명이다.

⑬ 편리한 결론으로 도망치는 '인지적 불협화형'

들어온 정보와 자신의 사고방식이 맞지 않을 때(이 상태를 인지적 불협화라고 함) 사람은 스스로 그 불안정한 상태에서 도망치려고 한다. 자신이 잘못되었다거나 정보가 잘못되었다거나, 어느 한 쪽의 결론을 이끌어내려고 하는 것이다.

변명으로서 나타날 때는 후자의 결론을 이끌어내는 경우가 대부분. "담배는 백해 무익하다"라는 정보를 부정하고 "담배의 해보다 담배를 참는 스트레스 쪽이 몸에 나쁘다"라고 말하며 피워버리는 애연가의 논리 등이 알기 쉬운 예다.

12 왠지 용서해버리는 '자신의 잘못을 얼버무리는 변명'

변명이 안 되는 변명, 상황 설명이 되지 않는 변명도 상당히 만연하고 있다. 그런데 들은 측은 왠지 납득해버리는 기묘한 변명이다.

이런 현상은 심리학적으로 분석해보면 이해가 된다. 변명하는 사람이 의식하고 있다고는 생각할 수 없지만 결과적으로 사람의 심리를 찔러서 교묘한 변명이 되는 것이다.

　매스컴을 통해서 들려오는 저명인의 변명 중에 이런 것이 적지 않다. 그것은 그 사람의 존재 자체에 파워가 있기 때문에 상대가 자신도 모르게 납득해버리는 경우가 있기 때문이다. 따라서 이 수법을 그대로 일반인이 사용하여 어느 정도 설득력을 발휘할 수 있을지는 알 수 없다.

⑭ 궤변을 지껄이는 '일반화형'

원인을 특정짓지 않고 일반화하여 자신의 잘못이나 심정을 얼버무려버린다. 세상에서 믿고 있는 상식, 격언, 유명인이나 상사의 말 속에서 자신에게 편리한 것만을 골라 증거로 내놓고 사태를 수습하려고 하는 변명이다.

　"바람 피우는 것은 남자의 생활력 있는 기질을 나타낸다"라는 근거가 없는 단정도 이 타입에 속하고, 실패했을 때 "원숭이도 나무에서 떨어질 때가 있다"라는 말을 하는 것도 이 부류에 속한다.

⑮ 아첨하는 '영합형'

"이번 사례가 특별한 예다" 혹은 "상대가 특별한 존재다"라는 것을 강조한 변명이다. 자존심을 자극받은 상대는 자신의 가치를 확인하고 그에 의해 변명을 인정한다. 바람 피우는 것이 발각되었을 때

"진심인 것은 너뿐이다"라고 말하는 것 등이 이에 해당된다.

요컨대 영합이다. 심리학에서 말하는 '영합'은 상대의 호의를 끌어낸다는 의미다. 영합 행동의 세 가지 전형은 '칭찬한다', '친절하게 대한다', '자신을 비하한다'이다. 아첨형의 변명은 바로 이 패턴에 해당된다.

⑯ 권위를 이용하는 '헤일로 효과형'

한 분야에서 성공한 사람은 다른 면에서도 우수하다고 간주하는 경향이 있다. 세상이 미인이나 권위에 약한 것도 그 때문이다. 이것을 심리학에서는 '헤일로 효과'라고 한다. '헤일로'는 후광을 말한다.

변명에도 이 효과를 이용한 것이 있다. 자신과는 관계없는 유명인이나 권위를 증거로 내놓고 자신의 잘못을 정당화하려고 한다. "프로이트도 담배를 피웠다" 등의 변명이 그러한 예다.

⑰ 호가호위하는 '영광욕형'

권위나 유명인을 증거로 내놓는 것까지는 헤일로 효과형과 같은데 자신과 권위와의 관계를 강조함으로써 변명뿐 아니라 자신의 가치까지 높이려 한다.

평사원이 회의에 늦었을 때 "부장에게서 전화가 걸려와서"라고 변명하는 것이 이에 해당된다. 부장과의 관계를 강조함으로써 "부장에게 전화가 직접 걸려오는 나는 대단하단 말이다"라고 말하고 싶은 것이다. 타인의 위광에 편승한 변명이다.

오피스는 변명의 보고다

13 궁지에서 빠져나가고 싶은 사람의 변명

오피스는 변명의 보고다. 왜냐하면 사소한 잘못이나 근무 태도가 그 사람에 대한 평가와 직결되기 때문이다. '쓸모없는 놈'이라고 한번 낙인찍혀버리면 그 평가를 불식하는 것은 이만저만 어려운 것이 아니다.

복잡한 인간관계가 존재한다는 것도 변명의 보고가 되는 이유 중 하나다. 아무리 일하는 능력이 높은 평가를 받아도 인간관계가 원만하지 못하면 생각지도 않은 곳에서 발목을 잡힐 수 있다.

그런 심리가 작용하여 무의식중에 변명하고 마는 것이 인간이 본래 가지고 있는 감정인 것이다.

일이 좀처럼 진척되지 않는다, 결국은 사방이 막히고……. 샐러리맨이라면 누구나 한 번쯤은 경험하는 일인데 힐문당한 부하로부터 이런 한마디를 들은 사람도 있을 것이다.

"이 기획은 처음부터 무리가 있었습니다!"

'외적 귀속형' 변명의 하나다.

책임 전가는 옳지 않다는 것은 누구나 알고 있는 것, 비즈니스의 상식이다. 그런데 일이 계획대로 되지 않았을 때나 미스가 나왔을 때는 자신 외에 다른 것에서 원인을 찾고 싶어지는 것이 인지상정. 그런 때는 주위의 온갖 것이 다 악인이 된다.

특히 외벌적 경향이 강한, 자신 이외의 다른 것을 비난하는 경우가 많은 사람은 자신의 역부족이나 실수를 인정하고 사과하는 것이 싫어 주위의 조건을 이것저것 들며 왈가왈부하는 경향이 있다. 그 결과가 이런 말이 되어 나타난다. "스태프가 부족합니다", "시기가 나빴습니다"도 이 타입이다.

거꾸로 말하면 이런 변명을 하는 사람은 대개 똑같은 변명을 반복하는 경우가 많다. 요컨대 무슨 일이 있으면 남의 탓으로 돌린다. 때문에 그런 사람에게는 이치를 따져서 궁지에 몰아넣고 도망갈 길을 빼앗아버리면 된다.

예를 들면 "그러면 구체적으로 자네는 어디까지 했는가(노력했는가)?"라는 식으로 상대를 '내적 귀속'시켜 자기 자신의 입으로 구체적으로 지적하게 하는 것이 효과적이다.

14 "깜빡하고……"는 거절의 의미

실태를 왜곡하려고 순간적으로 입에서 나오는 이런 변명도 있다. '억압형+내적 귀속형'의 대사다.

"그만 깜빡하고……."

부주의로 실수하고 약속을 잊어버리는 행위다. 이것을 '실착(실책) 행위'라고 한다.

프로이트적인 해석을 하면 실착 행위의 이면에는 잠재적으로 거절 반응이 있다. 약속한 시간을 잊어버린 것은 그 사람과 만나고 싶지 않기 때문에, 서류를 잊어버린 것은 그 서류에 둘러싼 일을 하고 싶지 않기 때문에, 사람의 이름을 잊어버린 것은 그 사람과 교제하기 싫기 때문이라는 것이다.

모든 실착 행위를 이와 같은 척도로 보는 것은 무리지만 분명히 이런 경향은 있을 것이다. 그리고 바람맞은 상대로서는 여기까지 깊이 생각하지 않는다 해도 기분 나쁜 것이다. 인품이나 풍모로 용서해버리는 경우도 적지 않지만 그것은 용서한 것이 아니다. 그 사람에 대한 평가는 확실히 낮아져 있을 것이다.

15 지각, 결석했을 때의 변명

회사에는 규칙이 있기 때문에 지각은 해서는 안 되는 것이 전제다. 또 그 이전의 문제로서 사람을 기다리게 하는 것은 매너가 없는 것이라는 상식이 있다. 때문에 양식 있는 사람이라면, 사고 등의 불가항력적인 지각은 별개지만, 지각하면 체면을 잃는다고 여긴다. 따라서 뭔가 변명을 짜내려 한다.

또 한 번이나 두 번쯤 지각하는 것은 누구나 경험하는 것이기 때문에 듣는 쪽도 시원스럽게 흘려 보내거나 상대의 변명을 무의식중에 기다리고 있는 경우도 많다.

지각에 대한 변명은 심각하게 듣는 사람은 없다. 그것은 인사 같은 것이다. 변명을 듣는 사람도 낡아빠진 상례적인 것이라도 무난히 넘겨버린다. 물론 상습자에 대해서는 그렇게 되지 않는다. 지각으로 인한 디메리트를 커버할 수 있는 인품이나 신망을 가진 사람이 아니라면 통하지 않는다.

느닷없이 "죄송합니다" 하고 사과하는 경우는 흔히 있는 일이다. 우선 사과해오면 이쪽은 달래주는 말에 넘어가버리는 것이다.

"죄송합니다. 좀 더 일찍 나왔더라면 좋았을 텐데."

그 밖에 "소요 시간을 잘못 계산했습니다", "잊어버린 물건이 있어서 되돌아갔었습니다"라는 것도 있다. 자신의 잘못을 인정하고 사과를 하는 타입이다. 자신을 질책하는 '내가 잘못했다'(내벌)형이다.

　호의적으로 받아들이자면 '바쁜 사람'이라 생각할 수 있지만 대개는 '시간 관념이 없는 사람'이라는 평을 내리게 된다.

　시간을 지킨다는 것은 사회인으로서 최소한의 조건이다. 이유는 어찌되었든 지각은 지각이다. 시간에 여유를 가지고 외출하는 것은 일종의 '위기관리'로서 당연한 행위라 할 수 있다.

　"죄송합니다"로 무마되는 경우도 많지만 적어도 "죄송합니다" 이외는 모두 변명인 것이다.

　결석에 대한 변명은 어떨까? 치통, 두통, 복통, 감기 등의 가벼운 증상은 회복이 빠르고 의사에게 갈 정도도 아니니 편리한 변명이 된다.

　"출근하려고 했는데 갑자기 열이……."

　'내적 귀속형'의 변명이다. 출근할 의사가 있었다는 것을 어필하고 있으며 '부득이한' 상황을 만들어내고 있지만 실제로는 열 같은 것은 없었고 거짓인 경우가 많다. 의사만 확실하면 열이 나도 출근했을 것이며 하다못해 도중에 연락 정도는 할 수 있었을 것이다.

　다만 이와 같은 변명을 하고 있는 사이에 정말로 몸 컨디션이 나빠지는 경우가 있다. 본인으로서는 굿 타이밍의 발병이 되겠지만 마음의 상태를 생각하면 주의가 필요하다. 병에 대한 도피는 마음이 불건전할 때 일어나기 때문이다.

따라서 이런 변명을 하는 사람은 언뜻 보기에 태평한 인생을 보내고 있는 것 같으면서도 실은 상처 입기 쉽거나 이것저것 생각하고 괴로워하는 타입인 경우가 적지 않다. 그런 상대이기 때문에 대처법도 신중해야 한다. "연락 정도는 할 수 있었을 게 아닌가!" 하고 정론을 말하는 것이 좋은 경우도 있지만, 이가 아프면 "어디야? 입을 벌려봐"라든가 "열은 내렸나?" 하고 걱정스러운 듯이 상대의 이마에 손을 대거나 하면 상대의 본심이 보이기도 한다.

거짓말이라면 다소나마 죄의식에 사로잡혀 태도에 그것이 나타날 것이며 정말인 경우는 서로 호감을 높이게 될 것이다.

다만 하기 싫은 일을 계속하거나 만나고 싶지 않은 사람과 만나는 등 무리를 계속하고 있으면 신경증에 걸릴 수도 있다. 이런 변명을 한 번도 한 적이 없는 사람의 마음 역시 주의 신호다.

거절 잘하는 방법 16

몸 컨디션을 이유로 하는 변명은 일이 끝난 후의 '술자리'를 거절할 때도 사용할 수 있다.

술을 못 해도 마시는 것이 매너라고 생각하는 사람들이 많다. 최근에는 개성을 존중하여 "마시지 못한다"라고 분명히 말하는 사람도 늘어났지만 마실 줄 안다는 것이 알려져 있는 경우는 좀처럼 거절하기 힘들다.

권하는 측은 단순히 거절만 하는 것으로는 "자, 자, 그러지 말고……" 하며 집요하게 물고늘어지는 경우가 많다. 혹은 구태의연한 사고의 소유자라면 "내 술을 마시지 못하겠다는 건가?", "잘 어울리지 못하는군"이라며 생트집을 잡기도 한다.

이러한 일로 인간관계가 악화되지 않을 수 있는 좋은 거절 방법을 소개하겠다. 자주 사용되는 것이 이 한마디다.

"의사가 마셔서는 안 된다고 합니다."

마시고 싶지 않다는 것이 아니라 마시고 싶어도 마실 수 없는 사정이 있다는 뉘앙스가 강조되기 때문에 모나지 않아 보인다. '외적 귀속형'의 전형이다.

또 "의사가 마시지 말라고 하니 나로서는 어쩔 수 없이……"라는 표현에는 본심으로는 마시고 싶다는 의사가 나타나 있음과 동시에 이쪽에 마음 쓰고 있다는 표시가 된다.

"어제 좀 과음을 해서……."

이 말 역시 많이 사용한다. 술을 마실 수 있다는 걸 알지만 마시고 싶지 않다는 게 아니기 때문에 기분 상하는 경우는 적다. 과음

한 이튿날의 괴로움을 알고 있는 술 마시는 사람의 심리를 찌른 표현으로, 이는 '내적 귀속형'이다.

이 말에 대해서 "조금 정도는 안 될 게 뭐 있나?"라고 되받아치는 것은 너무 심하다 할 것이다.

17 칭찬하는 변명으로 실수를 얼버무린다

접객 자리에서도 변명이 필요할 때가 종종 있다.

"그만 넋을 잃고 얼굴을 보다 보니……."

여성 고객 앞에서 컵을 떨어뜨리고 만 웨이터가 이렇게 말하는 것을 들은 적이 있다.

변명은 조크로 해버리면 그 자리의 긴장감을 부드럽게 하는 효과도 있는데, 이것이 그 예다. 사실은 주의 부족인 것이지만 아름다움을 칭찬함으로써 여성이 기뻐하는 것을 역이용하여 실수를 얼버무리려 하는 것이다. '일반화형+영합형'의 말이다.

이런 말은 익숙하지 못한 사람이 사용하면 모양새가 나쁘다. 게다가 타이밍을 맞추어 상대를 잘 보고 사용할 필요가 있다.

모든 여성이 자신을 아름답다고 생각하고 있는 것이 아니라는 것을 명심해두어야 할 것이다. 항상 칭찬받아 기뻐하는 것은 아니다. 어떤 경우에는 이런 말이 오히려 역효과를 내 노골적으로 비난받을 수도 있다.

또 그렇게까지는 되지 않는다 해도 '그 장소나 장면을 여러 번 경험하여 익숙해져 있다'는 식으로 나쁜 의미로 본다면 플레이보이적인 인상을 줄 가능성도 있다.

비즈니스 세계에서 쓰이는 상투어 분석

18. 칭찬하는 말 뒤에는 '보수가 적은 일'이 기다리고 있다

많은 노력을 요하는데 비해 보수가 적다. 아무래도 마음이 내키지 않는다. 막상 일을 시작해보니 역시 대단한 작업량을 요했다. 왜 이런 일을 맡았는가……. 돌이켜 보면 상대가 이런 말을 하며 애원했던 것은 아닐까?

"이런 일은 다른 데는 부탁할 수가 없습니다."

이쪽에서 "그만둘래요"라고도 못하고 "다른 데에 부탁하면 어떻겠어요?"라고 말하기도 곤란해지는 '영합형'의 표현이다.

'프라이드' 심리학에서 말하는 '자존 감정'을 높여줘서 싫어하는 사람은 없다. 능력을 인정하고 있다는 말을 금액 대신에 덧붙여 올려 사람의 자존심을 만족시키는 것이다.

일반적으로 젊은 사람일수록 자기 평가가 자주 흔들리는 경향이 있다. 사소한 일로 자신을 갖거나 혹은 자기 과신하기 쉬운 한편 대수롭지 않은 일로 자신을 잃고 우울해져버리는 경우도 많다. 그런 감정의 기복이 큰 연령층은 이렇게 '상대를 칭찬하여 방심하게 해놓고 불리한 입장으로 몰거나 자신을 유리한 입장으로 하는 기법'적인 말에 약하다.

그 때문에 먼저 일에서 실수하여 우울해 있을 때 상사로부터 "너니까 맡긴다"라는 말을 들으면 그만 분발해버리는 것이다.

19 있을지 없을지 모르는 '마음에 드는 일'

또 보수가 적은 일을 주문받는 경우 그 이유를 상세히 말하는 것이 아니라 다음과 같은 대사로 나오는 경우가 있다.

"다음에는 마음에 드는 일을 줄 테니까……."

'마음에 드는 일'이란 보수가 많은 일, 간단히 할 수 있는 일을 말한다. 보수가 적은 일을 발주할 때 사용되는 '영합형'의 문구다. 이는 매스컴 업계 등에서 많이 이용하는 것 같다.

듣는 쪽에서 보면 성의를 느끼는 변명이며, 다음에도 일을 맡을 수 있다거나 관계가 지속된다는 보장을 동시에 받는 셈이 된다.

그리고 무엇보다 마음을 돋우는 것은 '다음에는 마음에 드는 일'이라는 미끼다.

'마음에 드는 정도'는 불확실하지만 불확실하기 때문에 마음이 북돋아지는 것이다. 예측할 수 있는 무난한 보수만으로는 수주한 측의 의욕이 오르지 못한다.

예를 들면 도박에서는 대부분의 경우 돈을 따지 못하지만 맞으면 일확천금이다. 때문에 맞지 않으면 않을수록 투자 의욕이 끓어오른다. 일의 보수도 비슷한 점이 있다고 할 수 있다.

이런 사례가 있다. 한 기업에서는 강연을 의뢰할 때 10만 엔의 예산이 잡혀 있는 것을 7만 엔에 의뢰한다. 그리고 당일 시작하기 전에 '교통비'라는 명목으로 나머지 3만 엔을 포함시킨다. 그러면 초대받은 강사는 크게 감격하고 대단히 기분 좋게 강연하게 된다고 한다.

예상 외의 보수를 얻으면 그 보수 가치가 실제 금액보다 높아진다. 위의 경우도 10만 엔을 처음부터 받은 것이 아니라 우선 7만 엔이라 생각했던 것에 3만 엔이 추가됨으로써 보수 가치가 높아졌다. 반대로 처음에 제시한 금액을 나중에 깎는다면 그것이 아무리 타당한 금액이라도 기분은 위축되어버린다.

그런데 '마음에 드는 일'은 정말 오게 될까? 실제로 그런 일은 좀처럼 나에게 돌아오지 않고 손해 보는 경우가 흔하다.

그런 사태를 피하기 위해서는 이런 의뢰 방법으로 나올 때 우선 즉답을 피하는 것이 좋다. 다음의 관계나 보수 그 자체를 고려하는 경우도 있지만 될 수 있으면 일을 수주하는 대신 '마음에 드는' 조건을 반대로 제시할 수 있을 정도의 준비를 해도 좋지 않을까?

번거로운 것은 대개 양자 사이에 힘 관계가 작용하고 있기 때문에 의연한 태도를 취할 수 없는 경우가 많다는 것이다.

그러나 자신이 불리한 입장에 몰리거나 약점을 이용당하는 상황이 되지 않도록 할 말은 해야 한다.

20 예방선적인 말에서 자신감을 읽을 수 있다

싸구려 일을 수주한 쪽의 변명으로는 다음과 같은 것이 있다.

"거절할 수 없는 성격이라서."

약점을 드러내는 '내적 귀속형'의 변명이다. 일이나 용건을 부탁하기 쉬운 사람이 있다. 그런 사람을 보면 나도 모르게 "당신, 그렇게 다 도맡아서 어떻게 할 생각이야!" 하고 말하고 싶어진다.

이런 사람은 일반적으로 팔방미인으로서 누구에게나 호감을 사고 싶다는 생각이 강하다. 일을 척척 해나갈 때는 좋지만 이런 상대에게 일을 부탁하는 것은 위험을 수반하는 경우가 있다는 것도 명심해두어야 한다.

　수주받은 측의 변명은 계속된다. 제출 기한이 다가왔는데 일의 진척 상황은 본인도 만족하지 못하고 있다. 그런 때는 뭔가 한마디 말해두고 싶어진다. 그러지 않으면 본의 아니게 평가가 떨어져버리기 때문이다.

　"아직 거칠지만……"

　이 한마디는 자신의 능력 이외의 부분에서 스스로 핸디캡을 들어 능력 부족이 아니라는 것을 정확히 주장해두는 '셀프핸디캐핑형' 변명이다. "시간이 별로 없어서……"도 같은 종류다.

　제출 내용이 불충분함을 지적당하기 전에 선수 쳐두는 전술인데 견해를 바꿔 말하면 내용이 좋고 나쁜 것은 어떻든 기한을 지켜서 우선 상대 속으로 내딛는 '풋 인 더 도어 테크닉'(단계적 설득법)이라고도 말할 수 있다. 내디뎌놓고 아무튼 상대로부터 오케이를 받아 그 자리를 통과시키는 기술이다.

　어느 정도 말하는 측에 자신이 있는 경우 자신이 일한 성과를 낮게 보여놓고 최후에 상대에게 높게 평가받는 '작전'으로 사용하는 경우도 있다. "아니, 그렇게 말은 하지만 제법 훌륭하지 않은가"라는 이쪽의 반응을 기대하는 면도 있는 것이다.

　그런데 이 변명은 기본적으로 자기 자신이나 자신이 하고 있는 일에 자신이 없는 사람이 사용하는 일종의 '예방선'과 같은 경우

일에서 사용되는 변명

가 많다. 전술한 '지능범'은 오히려 특수할 것이다.

이런 사람은 당신에게 어드바이스를 구하고 있는 경우가 많기 때문에 뿌리치는 방법, 친절히 대응하는 방법의 어떤 것을 취하든 상대의 의견을 정확하게 확인하는 것이 중요하다.

21 '전화'로 변명하는 사람은 재미있다

"돌아오면 전화해주기 바란다"라는 메모를 남겼는데 아무리 기다려도 전화가 없다. 이쪽에서 다시 전화를 걸었을 때 상대가 사용하는 것이 다음의 변명이다.

"지금 막 돌아와서 허둥지둥하고 있다 보니……."

오피스에서는 극히 일상적으로 빈번히 사용되는 변명이다. 실제로 지금 막 돌아온 경우도 있겠지만 실은 전에 돌아온 경우도 많다. 여기에는 "바로 전화하지 못해서 미안합니다"라는 반성의 기분이 배어 있다. '억압형'의 변명이다.

이런 변명을 하는 사람은 적어도 타인에 대한 배려가 있다. 오히려 이와 같은 상황에서 아무런 변명도 하지 않는 사람이야말로 불손하고 오만한 경우가 많다.

다만 엄격히 본다면 "하기 싫은 일을 짧은 시간이라도 무시한 것이 아닌가"라고 받아들일 수도 있다. 적어도 상대에게 이쪽은 재빨리 전화하고 싶어지는 사람이 아닌 것만은 분명하다.

이것도 전술한 "깜빡하고……"와 마찬가지의 '실착 행위'다.

콜 백call back하지 않은 것은 싫은 상대이거나 혹은 하기 싫은 일이라는 잠재의식이 작용하고 있기 때문일지도 모른다. 콜 백하지 않은 것은 하지 않아도 될 상대이기 때문에라는 본심이 숨겨져 있는 경우가 있다. 양자 사이에 힘 관계가 생기고 있는 경우다.

일단 사회인의 상식으로서 콜 백할 의사는 있지만 "먼저 전화했던 상대가 걸어와야 한다"라는 생각이 있는 경우, 요컨대 전화를 거는 쪽이 강한 힘을 가지고 있을 때 이런 말이 나오게 된다.

"마침 연락하려던 참입니다."

이것은 앞의 사례와 마찬가지로 거북한 전화라 뒤로 미루고 있었을 가능성이 있으며 게다가 말하는 측의 자기만족적인 뉘앙스도 없지 않다. '억압형'과 '자기만족형'의 양쪽 요소를 모두 갖고 있는 타입이다.

이는 인간관계가 곤란해지지 않게 하려는 변명으로서 나쁘지 않다. 그러나 듣는 상대는 '약삭빠른 소리 하고 있군'이라는 식으로 생각하곤 하지만 "정말이야?" 하고 힐문하지는 않는다. 말하고 있는 진위보다 당황해서 변명하고 있다는 쪽에 마음이 쏠리기 때문이다.

이렇게 말해오면 이쪽도 안도의 숨을 쉬게 된다. 본래는 이쪽에서 걸 필요가 없는 전화라는 것이 상대와 자신의 공통 인식이라는 것을 확인할 수 있기 때문이다.

이와 같은 장면에서 변명마저 하지 않는다면 이쪽은 거의 틀림없이 기분이 상한다.

전화에서의 대화라도 미묘한 인간관계가 보인다. 이쪽이 거래처라면 부재 시에 다시 걸지 않을 수 없다. 이쪽도 다시 걸어오겠지 하고 생각하고 있는 경우가 많다.

다음은 전화 그 자체를 사용한 변명의 상투어다.

"나가려는데 전화가 걸려오는 바람에……."

나가려고 하던 때 공교롭게 전화가 걸려왔다고 말하고 싶은지, 전화 상대가 긴 전화를 걸었는지, 그 사람의 전화를 건 때가 나빴는지 책임 소재가 대단히 애매하며 '무벌형' 변명이라 할 수 있다. 여기에 "상대가 좀처럼 전화를 끊지 않아서"가 덧붙여지면 외벌(그놈이 잘못이다)적인 변명이 된다.

"급히 처리해야 할 일이 들어와서" 등도 '무벌형'이다.

책임의 변으로 알 수 있는 뜻밖의 **심리**

관공서의 상투어 22

관공서에 근무하는 사람에게는 미안하지만 관공서의 손님 대하는 태도는 사무적이고 쌀쌀맞다는 이미지가 강하다.

"전례가 없기 때문에."

실제는 다르겠지만 약간 골치 아픈 일이라면 곧 이렇게 대답한다고 생각하는 사람이 많을 것이다. 개인의 판단이나 사고방식을 극력 배제한 표현으로, 그 점이 또 관공서 관계에서 중요시하는 이유다.

물론 관공서에 한하지 않고 극히 당연한 일에 익숙해지면 새로운 것은 귀찮아지는 경향이 있다. 대응할 수 있는데 귀찮으니까 거절하고 싶다, 하지만 "귀찮으니까"라는 말을 할 수 없기 때문에

"바쁘다" 또는 "전례가 없다"라는 변명을 한다. '무벌형+억압형'의 말이다.

기혼 남성에게만 지급되는 주택 수당의 신청을 한 기혼 여성에 대해서 한 기업의 인사과장이 전례가 없다며 신청을 받아들이지 않았다는 에피소드가 있다. 회사의 규칙에는 남자에게만 적용된다고도, 여자는 제외한다고도 기재되어 있지 않다. 여성의 주택 수당 신청을 받지 않은 이유로는 "전례가 없다"라는 말밖에 할 말이 없었던 모양이다.

비슷한 대사로 "관례니까"도 있지만 이런 종류의 변명을 잘 쓰는 곳이 말 안 해도 알겠지만 바로 관공서다.

공무원도 아닌데 이런 변명을 하는 이들 중엔 권위주의적인 사람이 많다. 자주적인 판단을 피해 관례나 전례를 중시하여 권위를 증거로 삼는다. 그런데 권위주의적인 사람은 반대로 말하면 소심하고 겁이 많은 사람, 자신은 책임을 지고 싶지 않은 사람이다.

그런데 젊은이들이 흔히 사용하는 이런 변명은 어떨까?

"해본 적이 없습니다……."

이것도 '무벌형+억압형'의 말이다. 일의 배분이나 개인의 실력을 판단하면서 맡기고 있는 일인데 아무렇지 않게 이런 말을 하는 부하에게 "요즘 젊은 것들은 정말이지……" 하고 분노를 감추지 못하는 경우도 많을 것이다.

그러나 그 나름대로 논리가 있기 때문에 고함지르는 것만으로는 언제까지나 '적敵'은 이해하지 못한다. 부추기면서도 그들을 조종하는 '방법'을 찾아내야 한다.

23 이런 말을 하는 상사의 본심

일본에는 옛날부터 할복 사상이 있다. "배를 가르고"라는 말도 있듯이 비겁하지 않거나 책임지는 것을 미덕으로 하는 풍조가 지금까지도 남아 있다. 다음의 변명은 그런 사상의 영향을 받은 '내벌형'이라 할 수 있다.

"모두 내가 감독을 소홀히 한 탓입니다."

감독 미스라는 말은 본래 관리직으로서는 자신의 목을 거는 것과 같은 말이다. 정말로 감독 미스로 인해 트러블이 일어난 경우는 프로 스포츠의 감독이라면 경질당할 일이다.

그런데 비즈니스인 경우에는 비교적 안이하게 이런 변명을 입에 담는 관리자가 적지 않다. 목을 자를 리는 없다는 안심하는 마음, 엄벌은 없겠지 하는 계산에서 이렇게 말하는 것이다.

뿐만 아니라 마음속으로는 "책임감이 강한 사람이라고 높이 평가해주지 않을까?"라는 기대나 "나는 열심히 하고 있는데 부하가 발목을 잡고 있다"라는 변명이 그 이상으로 숨겨져 있는 경우도 있다. 이런 경우는 "너의 탓이 아니다", "무능한 부하를 두고 있으니 당신도 힘들겠다"라는 위로의 말을 기대하고 있는 것이다.

"아무리 타일러도 안 됩니다."

"그 친구에게 애먹고 있습니다."

이런 말을 하는 상사를 가진 부하는 사표를 쓸 준비를 하는 것이 좋을지도 모른다. 논할 가치도 없다.

이는 '내벌형'적인 변명으로 분류되지만 정말로 내벌적인지 아닌지는 그다음의 행위나 언동에 달렸다. 물론 상대를 너무 의심하는 것은 좋지 않지만……

이와 같이 상사가 부하의 잘못에 대해 뭔가 한마디 코멘트해야 할 상황에 놓여 있을 때는 주의가 필요하다. 부하를 비호하는 행위라는 것은 자신을 비호하는 행위가 될 가능성도 있기 때문이다. 어떤 사람이라도 부하를 돌보지 않았다는 말을 듣고 싶지 않은 법이다.

다음과 같은 '내벌형'의 말에도 주의가 필요하다.

"부하에게 맡긴 제 잘못입니다."

자신의 잘못을 솔직히 인정하는, 대단히 정직하고 책임감 있는 사람처럼 보인다. 그런데 사실은 '맡긴 것'이 잘못이 아니라 맡기는 방법이 잘못되었다고 사과해야 할 것이다. 마음 한 구석에서 부하가 잘못했다고 생각하고 있는 것이다.

이런 인간은 일반적으로 책임감이 강하고 일을 도맡아버린다. 자신도 모르게 납득해버리는 경향이 있는 변명이다.

이번에는 사전에 부하로부터 서류를 받아두고서 읽지 않은 경우다. "자료는 읽어보셨습니까?"라고 물으면 그 순간에 나오는 말이 다음 대사다.

"어차피 대단한 일은 없을 거라 생각하고……."

궤변으로 얼버무리는 '일반화형'의 변명이다.

자신 밖에서 원인을 찾는 '그 친구 잘못이다' 적인 변명이며 또 공격적이다. 자신의 잘못을 인정하기는커녕 상대의 잘못으로 돌려버리려 하기 때문이다. 이는 잽을 날리지 않고 느닷없이 보디블로로 승부를 내는 것과 같다.

부하는 상사의 '공명정대함의 정도'에 민감한 것이다. 한 번이나 두 번은 조크로 넘어가지만 책임을 전가하는 타입의 상사는 결국 부하의 신용을 잃게 된다.

그런데 이런 상대에게 제출 서류에 대한 열의나 취급하는 자세를 보여주는 것은 가능하다.

"아니, 그럴 리 없습니다"라거나 "아무튼 읽어주십시오"라는 말을 상사에게 하면 적극적인 자세를 이해해줄 것이다.

그런데 "아, 그렇습니까?" 하고 수긍해버리는 부하라면 문제는 다르다. 대수로울 것 없다고 생각하고 있는 건지, 반론해도 소용없기 때문에 잠자코 있을 뿐인지 상사로서는 판단할 수 없다.

회사는 '서로 속이는' 곳이라고 이해하는 것이 좋다. 상사에게 제출한 서류에 대해 물어보았더니 이런 대답이 돌아왔다.

"무슨 내용이었지?"

그러면 '훑어보지도 않았군' 하고 분노마저 끓어오르는 경우도 있을 것이다. 그런데 주의해야 할 것은 그 상사는 당신을 시험하고 있는지도 모른다는 것이다. 내용을 전부 파악하고도 그것을 다시 확인하고 있는 경우도 있다. 감정적으로 대꾸하는 것만이 좋은 대처법은 아니라는 것을 마음에 새겨두기 바란다.

이것을 변명으로 받아들이면 읽지 않았다는 자신의 잘못을 얼버무리고 있는 것이 되며, 불리한 것은 무시하는 '억압형' 혹은 상대를 끌어들이는 '동일시형'이 된다.

24 연락하지 못했던 '그럴싸한' 이유

연락을 게을리한 경우의 변명에 다음과 같은 것이 있다.

"실은 전화번호를 기재한 메모장을 잃어버려서……."

전화하지 못했던 것은 자신의 탓, 메모장을 분실한 것도 자신의 탓. 요컨대 자신에게 책임이 있다는 것을 인정하고 하는 말이다.

'그 친구가 잘못이다'적인 변명에 대해서 약간 내벌적(자신을 질책하는 타입)이긴 하지만 연락을 게을리했다는 것의 핵심에서는 도피하고 있다.

다만 이런 말을 들은 쪽에서는 마음이 좀 풀린다. 상대가 연락하지 않은 것은 자신을 무시하고 있는 것도 아니고 자신을 미워하고 있는 것도 아니며 메모장의 분실이라는 악의 없는 실수로 인한 것이라고 납득할 수 있기 때문이다.

그렇게 생각하면 연락하지 않았던 측은 인간관계를 손상시키지 않기 위해서도 변명을 하지 않는 것보다 하는 것이 좋다고 말할 수 있다.

또 이쪽으로서도 말하기 곤란한 것을 솔직히 말해주었다는 생각으로 오히려 '성실하다', '거짓말하지 않는다'라는 이미지를 갖게 된다.

그런데 칠칠치 못한 사람이라 여기는 것도 분명하며 사용하는 측으로서는 위험이 있는 변명이라는 점은 분명하다.

요즘 비즈니스맨들 사이에서 노트북이 인기다. 그런데 이 노트북은 편리하긴 하지만 갑자기 고장나는 경우가 많다. 모처럼 입력한 데이터가 날아가버려서 쇼크를 받은 사람도 많을 것이다. 그래서 이러한 변명도 늘어나고 있는 것이 아닐까?

"데이터가 날아가버려서……."

이것은 컴퓨터를 많이 사용하는 경험자에게는 동정받는 한마디일 것이다. '무벌형+외적 귀속형'의 변명이다.

> **패배나 실패를 인정하지 않고 억지 부리는 행동의 배경**

25 '무사안일주의'로 프라이드를 유지한다

절대적인 자신을 가지고 기획한 상품이 팔리지 않았을 때 종종 하는 변명이 이것이다.

"너무 시대를 앞서갔던 거야."

시대를 앞서갔다는 것은 무사안일주의적(무벌)인 변명이다. 책임 소재를 애매하게 하여 책임을 회피하는 것이다. 그래도 듣는 쪽은 "그런 건가?" 하고 납득해버리는 경우도 적지 않기 때문에 자주 사용된다.

같은 경우라도 "시대에 맞지 않았다"라고 하면 기획의 잘못을 인정하게 되겠지만, "너무 앞서갔다"라는 변명으로 프라이드를 유지하고 있다.

아무래도 자존심이 강한 매스컴에 종사하는 사람이 입에 담을 만한 말(변명)이다.

'무벌형'의 변명은 '외벌형', '내벌형'의 변명과 달라서 개인이나 특정한 것을 증거로 삼고 있지 않기 때문에 그 말을 들은 사람은 대응 방법이 순간 생각나지 않는 경우가 있다. 되받아치기가 어려운 변명이다.

거꾸로 말하면 어디에서도 클레임이 걸리지 않는 변명인 한편 실수에 대한 구체적인 대응책을 유도하기 어려운 변명이기 때문에 문제 해결을 재촉해올 때는 효과가 없고 오히려 역효과가 나는 경우가 많다.

듣는 사람으로서는 처음에는 당황하지만 연막을 치려 하고 있다는 것을 깨닫고 차츰 화가 나게 된다. 부하가 입에 담는다면 더욱 그렇다. 네가 어떻게 그런 말을 할 수 있느냐며 한번 고함을 지르고 싶어질 것이다.

그런데 이 변명을 한 것이 상사였다면 문제는 다르다. 어쩌면 그 상사는 사실은 대단한 '거물'일지도 모른다.

다만 반대로 이 변명을 연발하거나 구체적인 반성도 하지 않고 이 말만 한다면 그 일에 종사하는 사람으로서는 장래가 어둡다. 사표 쓰는 연습 정도는 해두는 것이 좋을 것이다.

또 자주 듣는 '무벌형'의 '교활한 변명'에 다음과 같은 것이 있다.

"이런 세상이니까 말이야……."

영업 사원들 사이에서 많이 주고받는 말이다. 불경기라거나 어두운 사회 사건이 많은 꺼림칙한 시기라는 등의 여러 가지 의미를 내포하고 있는 '편리한' 말이다. "그렇겠죠?" 하며 이쪽을 동조시킴으로써 자신의 페이스에 끌어들이는 것이다. 이런 '서로 위로함'에 끌려 들어가면 합리적 판단을 할 수 없게 되기 때문에 주의가 필요하다.

26 "여기는 내가 있을 곳이 아니야."

남에게 고용되어 있는, 상사의 말에는 거역할 수 없는 샐러리맨 중에는 불만을 품고 있는 사람도 적지 않다. 그리고 그런 욕구불만은 변명에도 여실히 드러난다.

변명도 때로는 필요하지만 이런 변명에는 미래가 없다. 말함으로써 스트레스가 해소되지 않으며 현상을 타개할 수 있는 것도 아니다. 뿐만 아니라 입에 담음으로써 주위로부터의 평가는 떨어지고 결과적으로 본인의 스트레스를 더하게 된다.

"이런 회사는 내가 있을 곳이 아니다!"

일하며 벽에 부딪히거나 인간관계가 원만하지 못하거나 하면 이와 같은 말을 입에 담는 사람이 있다. "이런 일은 내가 할 일이 아닌 거야"도 같다.

나의 능력이나 성격에 잘못이 있는 것이 아니라 환경이 나쁜 것이라며 사태를 합리화하는 '달콤한 레몬형' 변명이다.

입버릇처럼 이런 말을 하는 사람은 엘리트 의식이나 경쟁의식이 강하다. "안 된다", "모른다"라고는 절대로 말 못하고, 사람들과의 대화에서도 자신이 모르는 말이 나오면 "전문 분야가 아니라서" 하고 도망쳐버리는 타입이다.

불평하고 있는 사람에게 해줄 말은 위로나 매도겠지만, 이런 이들과 너무 죽이 맞으면 자신의 신상에 좋지 않다. "저 친구도 같은 족속"이라는 평이 나버릴 수 있기 때문이다.

또 이런 변명을 하는 사람은 남의 눈에 띄고 싶어하는 사람인 경우가 적지 않다. 사실은 좀 더 자신을 어필하고 싶은데 그 방법이 서투르기 때문에 이런 표현을 하는 것이다.

27 '도박'의 승부에도 변명이

도박은 도가 트면 틀수록 이론대로는 안 될 때가 많다. 이에 반해서 초심자는 이론과는 관계없이 감으로 맞는 경우가 있다. 그럴 때

박식한 체하며 초심자를 지도하고 있던 사람이 빗나가면 면목이 없어진다. 그러면 초심자의 행운을 강조할 수밖에 없게 된다.

"아마추어는 잘 맞는 법이야."

이는 본질적이 아닌 것을 과장해서 내세워 연막을 치고 있는 변명이다. 그런 의미에서는 '새콤한 포도형'의 즉석 대사(분위기에 따라서 즉석에서 말하는 각본에 없는 대사)라 말할 수 있다.

또 '아마추어'라는 표현 속에는 상대를 '비하하는' 뉘앙스가 내포되어 있다. 게다가 상대의 능력을 어느 정도 인정하고 있기 때문에 뭔가 질투를 느끼고 있다고도 생각할 수 있다. 신입사원의 기획이 채택되었을 때 선배 사원들의 심리 상태를 생각해보면 알기 쉬울 것이다.

그런데 이런 말을 들으면 왠지 모르게 "그런 건가······"라고 생각해버리는 이유는 무엇일까? 프로라도 이기지 못할 때가 있는 것이 도박의 재미인데, 정보 양이 많은 경험자 쪽이 역시 유리하다는 것은 확실할 것이다. 이런 말을 들어도 들떠서는 안 된다. 반드시 보복이 돌아올 것이다.

한편 절대적인 자신을 가지고 있던 예측이 빗나간 경우의 변명은 어떨까?

"말의 산지産地를 잘못 알았다(경마에서 예상이 빗나갔을 때 하는 변명)."

빗나간 건 물리적인 사정이며 지식이나 능력이 없어서가 아니라고 말하고 싶은 것이다. 어떻게든 이유를 붙여서 그 자리를 무마하려고 하는 변명이다. 사소한 일을 내세워 자신의 실력 부족을 얼버무린 '새콤한 포도형'이라 할 수 있다.

이 경우 빗나간 이유는 뭐든 상관없는 것이다. "원숭이도 나무에서 떨어질 때가 있다"라는 등 옛날부터 사용되고 있는 말과도 비슷하다. 증권은 틀림없이 벌이가 된다는 신화가 무너지기 시작했을 무렵에는 "투자 시기를 잘못 짚었다"라는 변명도 여기저기서 들려왔다.

경마에 대해 잘못 읽은 것을 정당화하는 변명은 약간의 표현 변화로 여러 갈래로 분류된다. "오늘은 왠지 컨디션이 좋지 않다"라고 말하면 자신을 과대평가하는 '달콤한 레몬형', 한사코 자신의 잘못을 인정하지 않는 것은 '무별형(시치미떼기)'이라는 식인데, 이것들은 모두 자기 처신의 하나라는 것과 오기로 항상 남에게 좋은 인상을 주고 싶어하는 마음이 있다는 점에서 비슷하다.

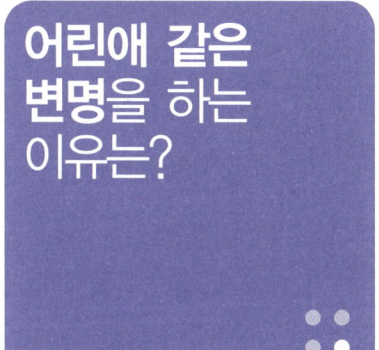

어린애 같은 변명을 하는 이유는?

28 '정당'한 이유라고 믿는 까닭

"관리직에 있는 사람은 사람을 잘 부리는 것이 업무다. 상사가 능력이 없으면 부하는 일하지 않는다"라는 건 비즈니스계의 상식이다.

"주임이 사람 부리는 방법을 모르는 겁니다."

부하의 이런 변명은 그런 점을 잘 이용한 것이다. 전형적인 '외벌형'의 변명인데 자신의 역부족을 역수로 변명한 것이다. 예를 들면 어린 형제들의 싸움에서 "형이 먼저 때렸단 말이야"라고 말하는 동생의 심리에 가깝다.

그런데 말한 것이 가령 사실이었다 해도 이 변명에 의해 사태가 호전된다고는 할 수 없다. 물론 상대의 성격에도 달렸지만 "남의 탓으로 돌리지 마!"라는 말을 듣거나 "일하지 않는 젊은 놈이 늘 하는 변명이다"라며 "이놈은 대단할 게 없다"라는 딱지가 붙어버릴 수 있다.

그런 말을 듣는 쪽은 감정에 자극을 받기 때문에 역습하는 경우가 많다. 상당히 불리한 변명이지만 사이에 끼어들어야 할 과장도 그 사람과 마찬가지로 주임에 대해 좋지 않게 생각하고 있는 경우, 상황은 변하게 된다.

공통의 적을 만듦으로써 두 사람의 관계가 보다 친밀해지는 것은 심리학적 견지에서도 말할 수 있는데, 이 경우 주임이라는 공통의 적을 만듦으로써 과장과 친밀해지며 책임을 회피할 수도 있다.

다음은 실수를 범하거나 결과가 나빴을 때의 선수 필승先手必勝 '셀프핸디캐핑형' 변명이다. 잘못에 대해 책망을 들어도 몰랐다고는 할 수 없고 능력이 없다는 말도 듣고 싶지 않다.

"아직 익숙하지 못해서……."

익숙하지 못하다는 건 별 지장이 없는 핸디캡을 스스로 붙여놓는 것이다. "아무래도 전문 분야 밖의 일이라……"라고 말하는 것도 마찬가지다.

이런 종류의 변명은 안이한 마음에서 나오는 경우가 많다. 오히려 책임감이 약한 타입의 사람이 사용하기 쉬운 말이다.

그리고 비즈니스 자리에서는 모두 책임감의 결여를 몹시 싫어하기 때문에 변명을 듣는 측은 그런 자질을 민감하게 느껴 알게 될 것이다. "변명하지 마"라고 말하며 역습하는 경우도 있을 것이고 "그렇다면 떠맡지 마"라는 등 나무라는 경우도 있다.

또 이쪽이 명령한 일인 경우에는 "왜 익숙하지 못한 내게 시켰어?"라고 말하는 것처럼 받아들여진다.

공부가 부족하다는 것을 지적받아 자신도 모르게 튀어나오는 변명도 있다.

MBA(경영학석사)를 취득하기 위해 미국으로 건너간, 동경대를 졸업한 남자가 클래스메이트인 중국인과의 잡담 중에 자신이 모르는 역사적 사건이 화제에 올랐을 때 다음과 같은 변명을 했다.

"학교에서 배우지 않아서."

중국인 유학생은 어이가 없어서 "대학을 졸업해 사회에 나오고 게다가 유학까지 하고 있으면서 모른다는 말이 어떻게 나와? 교과서에 나와 있지 않았다는 건 이유가 안 돼"라고 말했다고 한다.

가르쳐주어야 한다는 것을 당연시하는 일본과 다른 나라와의 공부에 대한 사고방식의 차이라고 말할 수도 있겠지만, 변명 하나로 그 사람의 생활 태도나 자세까지도 드러나게 된다.

본래 대학에서의 면학은 자신이 문제를 찾아서 고찰해가는 것이 중심이다. 이는 그것을 전혀 이해하지 못하고 있는 '외적 귀속형+억압형'의 변명이다. "교과서에 나와 있지 않아서"도 마찬가지다.

이런 수법의 말을 태연히 하는 사람은 권위주의적이며 엘리트 의식이 강하고 자존심도 강한 사람이다. 그런데 한편 자신에게 너무 안이하기 때문에 책임 전가도 태연히 할 수 있다.

앞으로 10년만 있으면 부하의 변명도 이해하지 못하는 머리가 굳은 관리자, 문제가 일어나면 부하의 책임으로 전가시켜버리는 신뢰할 수 없는 상사가 될지도 모른다.

이런 말을 하는 상사 밑에서 일하는 것도 비극이다.

29 지각을 남의 탓으로 돌리는 사람은 태평한 사람

지각에 대한 변명으로 버스나 지하철이 늦었다는 등을 이유로 들어 자신의 잘못이 아니라는 의미를 내포하는 '외벌형'이 있다.

"사실 버스는 믿을 것이 못 되더군요."

버스나 지하철이 늦어도 일찍 나오면 지각하지 않을 수 있다. 이는 자신에게도 잘못이 있는데 그것을 인정하지 않는 것이다. "회의가 늦게 끝나서", "상사가 급한 일을 시켜서" 등도 이 패턴에 속한다.

이런 표현을 하는 사람은 성숙도가 낮고 유치하다. 치밀함이 결여되어 있다고도 할 수 있다. 대학생에게 설문 조사를 해보니 가장 많은 것이 이 타입의 변명인데 사회인이 되면 훨씬 줄어든다.

사회인이 되어도 이런 종류의 말을 태연히 할 수 있는 이는 성격적으로 무사태평한 사람이며 스트레스도 적다.

본래 믿지 못할 것이 버스인데 이런 표현을 한다면 납득이 가는 경우가 있다.

"대체로 이 시간대의 버스를 타는데 오늘은 왠지 늦게 온 겁니다. 사고라도 있었던 걸까요?"

이런 변명도 있다.

"정산기 앞에 멍청한 놈이 있어서."

이것도 '외벌형'이다. 그런데 창구에서 정말로 우물쭈물하는 사람이 있었는지 어떤지는 확인할 수 없기 때문에 책임의 불똥이 다른 곳으로 튀는 일은 없다. 게다가 누구나 똑같은 경험을 한 적이 있기 때문에 공감하기 쉬운 것 같다.

30 '시치미 떼는 사람'은 '유능한 사람'일지도 모른다

회의에 필요한 자료를 가방에서 꺼내려 하는데 없다. 회사에서 잊어버리고 온 것이다. 잊어버린 본인이 잘못인 것은 빤한데 그것을 애매하게 짐짓 시치미를 뗀다.

"분명히 가방 안에 넣은 것 같은데……."

변명으로서의 효과가 약한 데다 이쪽은 골탕 먹은 것 같은 기분으로 어이가 없다. '자기만족형'이다.

다만 이와 같은 '짐짓 시치미 떼는' 변명을 순간적으로 할 수 있는 사람은 비교적 릴렉스한 상태에서 일을 하고 있다는 의미일 수도 있다. 여유가 있고 일에서 받는 스트레스도 최소한으로 억제되어 있을 것이다.

물론 필요한 서류를 출발 전에 확인하지 않았으니 변명의 여지는 없으나 정신적으로 여유가 있다거나 임기응변적인 성격의 인간임을 드러낼 수 있다.

물론 이런 인간에게 일을 맡길 때는 내용이나 중요도 등을 포함해서 충분히 숙고할 필요는 있다. 일을 맡기는 방법을 주의하면서도 실수를 용서하고 키워나가는 방법이 효과가 있다.

이쪽에서 생각하고 있는 것보다 큰일이나 많은 일을 능률적으로 해낼 가능성도 지니고 있는 것이다.

'결국에는'이라는 키워드

31 타인을 끌어들여 무기력을 정당화

자신만이 잘못한 것이 아니다, 힘 앞에는 굴복하라는 마음에서 나오는 말이 있다.

"결국에는 혼자서는 아무것도 할 수 없다."

이것은 일반론으로 바꿈으로써 자신의 미흡함을 얼버무린 '셀프핸디캐핑형', '일반화형', '동일시형'이 복합된 말이다. "나는 할 수 없다"라는 말을 들으면 비난하고 싶어지지만 "결국에는……"이라고 나오면 비난하기 힘들다. 추상론을 휘두른 일종의 궤변이다.

'결국에는'으로 시작하는 말은 모두 염세적이긴 하지만 반드시 자신을 비하하고 있는 것은 아니다. '결국에는' 다음에 오는 말을 깎아내려서 실은 자기 자신의 능력이나 책임은 문제삼고 있지 않은 것이다.

"결국 남자는……", "결국 여자는……", "결국 샐러리맨은……"이라고 추상화, 일반화함으로써 타인도 말려들게 하고 있다. 또 서로 경멸하는 관계도 생긴다. 요컨대 "너도 그렇지 않은가", "모두가 다 그렇단 말야", "내가 나쁜 게 아니란 말야"라고 말하고 있는 것이다.

또 자신의 역부족을 직시하지 못하는 사람이 사용하는 말에는 다음과 같은 것도 있다.

"이 회사가 어울리지 않는 거다."

전직을 단념한 사람들에게서 흔히 사용된다.

좋은 조건을 찾아 전직을 생각해도 현실은 냉엄하다. 그런 현실에 굴복한 것에 대해 자신에게 하는 변명이다.

사실은 자신의 역부족을 깨닫고 있으면서도 깨닫지 못한 체하고 불리한 현실에는 눈을 감아버린다. 일종의 자기 처신이다. 자신의 잘못을 인정하지 않는다는 점에서 '억압형'이며 스스로를 깎아내리고 있다는 점에서 '셀프핸디캐핑형'이라 말할 수 있다.

'결국에는'이든 '어울리지 않는다'이든, 이런 변명을 내뱉는 사람은 남에게는 말은 하지 않았지만 조금 전까지는 높은 목표를 가지고 강한 자존심으로 분발해나가려고 생각하고 있었음에 틀림없다.

'다 타버린' 사람이 다시 활기를 되찾는 것은 대단히 어려운 일이다. 전혀 다른 새로운 활동 영역에 뛰어들 용기가 필요할 것이다.

32 젊은데도 아무것도 하지 않는 사람

이혼을 결단 내리지 못하는 여성, 일하러 나가고 싶은데 단호히 결심하지 못하는 주부가 이런 말을 한다.

"열 살만 젊었더라도 과감하게 결단을 내렸을 텐데."

회사의 험담을 하면서도 거기서 계속 일하는 샐러리맨도 나이를 이유로 푸념을 늘어놓는다.

"5년 전이었다면 독립할 수 있었을 텐데."

어느 쪽이나 그 뿌리는 같다. 그야말로 변명인 것이다.

게다가 '무벌형'의 무책임한 변명이다. 젊었으면 할 수 있었을 거라고 말하지만 과거로 되돌아가는 것은 불가능하다. 또 젊다면 정말로 할 수 있을지 어떨지 아무도 확인할 수 없다.

이런 일어날 수 없는 가정을 들고 나오는 타입의 사람은 결코 그 일을 실제로 행하지 못한다. 나이가 몇 살이 되었든 똑같은 변명을 반복하며 살 것이다.

원래 젊으면 할 수 있었을 거라고 하는 것은 스테레오 타입(행동

양식이 틀에 박혀 고정적임)의 믿음이다. 젊음에는 마이너스 요인도 많은데 그것을 간과하고 있다.

젊으면 수입도, 저축도 적기 때문에 독립한다는 것은 어려울 테고 아이가 어려서 손이 많이 가기 때문에 일하러 나가기 힘들 것이다. 그것을 무시하고 자신의 미흡함을 전부 나이 탓으로 돌려버리는 것은 도피다.

33 보너스가 적은 것은 누구의 탓인가?

"보너스가 너무 적어."

이런 말이 난무하는 세상이라고는 하지만 아내에게 이런 말을 들으면 쇼크다. 이런 때 남편으로서는 변명거리가 궁할 것이다.

"이 회사에서는 보너스라는 게 이런 거라고."

이것은 자신의 잘못이 아니고 회사의 잘못이라는 '외적 귀속형'의 변명이다. 자신에게 엄한 사람, 자존심이 강한 사람은 별로 입에 담지 않는 변명이다. 자신이 근무하는 회사를 깎아내리는 것은 자신까지도 깎아내리는 것이 되기 때문이다.

이 정도의 변명에서 그치면 좋으련만 "어차피 내 벌이는 이 정도야", "어차피 내 인생은 별 볼일 없는 인생이야"라는 식으로 가

속이 붙어 더더욱 비하하는 상태에 빠지는 경우도 있다. 비하는 퇴행적이며 미래가 없는 행위다. 적당히 해두는 것이 좋다.

그리고 여성은 일반적으로 구체적인 숫자에 강하다. 게다가 훗날까지 잘 잊지 않는다. 애매한 대답으로는 언제까지나 속으로는 납득해주지 않고 있으니 주의해야 한다.

"회사의 방침이니까……"라는 변명도 여성에게는 통하지 않는다. 반대로 그럴싸한 숫자를 들어 설명하면 의외로 순순히 납득하는 경우가 많다.

또 "옆집 남편은 보너스가 올랐대요"라는 등 야유를 섞어 비교하는 경우도 있을 것이다.

"옆집은 옆집이야!"

이렇게 서슴지 않고 말해버리면 좋겠지만 아내는 결코 납득하지 않는다. 뿐만 아니라 불신이 쌓이면 일하는 데 대해서 의심을 갖게 되는 일도 있다. 될 수 있는 한 아내의 "왜?"에는 구체적으로 대답하는 것이 좋다.

"기억에 없습니다"에 숨겨진 깊은 의미

의혹을 피하려는 변명도 각도를 바꿔보면 34

전후 최대의 정계 부정이라고 떠들썩했던 록히드Lockheed 사건*. 국회의 증인 소환 심문으로 대담한 발언이 나와 한때 유행어가 되기도 했다.

"기억에 없습니다."

"듣지 못했습니다"라고 하면 누군가가 말한 것을 인정하는 셈이 되기 때문에 불리하다. "기억에 없다"라고 말하면 완벽하게 시

---

*록히드 사건 미국 록히드사의 항공기 매입 때 일본의 정계 일부에 거액의 공작 자금이 뇌물로 건네진 의옥(疑獄) 사건. 1976년, 미 상원외교위원회에서 발각하여 수탁 수회, 외국환관리법 위반 혐의로 사건 당시의 수상 다나카 가쿠에이를 비롯한 정치인이나 항공회사, 상사 관계자들이 체포되었다.

치미 뗄 수 있다.

　시간이 경과했기 때문에 어쩔 수 없다고 생각하지 않을까 하는 희박한 기대를 안고 있는 경우에 입에서 나오게 되는 '무벌형'의 말이다.

　그런데 보통 사회에서는 통용되지 않는 변명이다. 실수라도 이런 말을 해서는 안 된다.

　그러면 이 발언이 유행어가 된 이유는 무엇일까?

　그것은 당시 아무도 인간의 '기억'을 변명으로 삼으리라고는 생각지도 못했기 때문이다. 그런 의미에서는 획기적인 변명이었다.

　용서할 수 없는 변명이지만 개중에는 정말로 기억상실이 되어 있는 케이스도 있다. 강한 스트레스 등을 느꼈기 때문에 기억이 없어져버리는 것이다. 독일의 심리학자 어빙하우스 등 기억에 대해서 연구하는 학자도 적지 않다. 시간과 더불어 기억이 상실되어 가는 '망각 곡선'은 유명하다.

　알고 있는데도 대답하지 않는다는 의미에서는 "노코멘트"도 많이 사용되고 있는 말이다.

　인터뷰 상대가 추궁을 회피하기 위해 이런 표현을 한다. 공판 중이었거나 단순히 시간이 걸리거나 정말로 코멘트하는 일이 없는 경우도 있다.

　그런데 이와 같은 답변은 '부정하지 않았기 때문에 긍정'이라고 매스컴에서 받아들이는 경우도 있다. 단기적으로는 부정적인 인상을 주는 변명이다.

35 남의 탓으로 돌릴 수 있는 것은 거물이라는 증거

지각했을 때의 변명으로서 있을 법하면서도 실제는 좀처럼 진심으로 말하지 않는 것이 다음과 같은 말이다.

"알람시계를 맞추어놓고 잤는데 어떻게 된 일인지 알람이 울리지 않았어요."

"지각하려고 생각하고 지각한 것은 아니다. 노력은 했지만 알람시계가 울리지 않았던 것이 잘못이다"라고 말하고 싶은 것이다.

이런 말을 할 수 있는 사람은 거물일지 모르지만 자신 이외의 사람을 악인으로 하는 '외벌형'의 변명을 하는 타입이다. 엔 고 대책이라는 중대한 의제가 예정되었던 회의의 시작 시간에 아슬아슬하게 도착한 호소가와 전 수상이 각료들을 향해 한 말이다.

이 상황에서는 늦잠 잔 것이 밀실이며 특정한 인물에게 죄를 뒤집어씌울 수는 없다. 그래서 마침 시계를 악인으로 해버리고 있는데, 이런 변명을 자주 사용하는 사람은 뭔가 문제가 일어났을 때에는 자신 외의 다른 것에서 원인을 구하고 발견하면 끝장이다.

"천만 다행이다" 하고 책임 전가하는 타입이 많다.

다만 유머 감각이 전해지는 것 같은 표현을 하면 자리의 분위기가 온화해질 때가 있을 수는 있다.

그러나 누구나 경험이 있으리라 생각되는데, 중요한 일이 있을 때는 대개 일어날 수 있는 법이다. 인간은 긴장하고 있을 때 일어나야 할 시간의 약 30분 전에 자연히 눈을 뜰 수 있다는 심리학의 실험 결과도 있다. 일어날 수 없었다는 것은 그 사항(회의 등)에 중요성을 별로 느끼지 못하고 있었던 것이라고 해석할 수도 있다.

36 있을 수 없는 변명도 사용하는 사람에 따라

상대가 중대한 과오를 범해도 웃으면서 기묘한 변명을 하면 분노나 긴장감이 없어져버린다.

"빚쟁이를 만나는 바람에 움직일 수가 있어야지."

비트 다케시(텔레비전 프로 사회자, 배우, 영화감독, 도쿄예술대학 대학원 영상과 연구교수)가 한 프로의 녹화를 하지 못했을 때 했던 말이다. '무벌형+일반화형+자기만족형'의 표현이다. 듣는 쪽도 자신도 모르게 웃어버리고 추궁하는 손을 늦추고 만다.

그런데 이런 변명은 하루아침에 익숙해지지 않는다. 비트 다케

시였기 때문에 주위에서도 용서하고 말았을 것이며 용서하지 않을 수 없었을 것이다. 다른 사람이 사용해도 변명으로 통하지 않음은 물론이고 농담으로서도 성립되지 않을 가능성이 있다. 하물며 빚쟁이를 만나는 것 자체를 모르는 상대였다면 비극이다.

그가 이 변명을 잘 사용하는 이유는 그의 이미지와 밀접하게 관계하고 있기 때문이다. 그에 대한 이미지는 사람에 따라 갖가지이지만 일반석으로 '무책임한 것 같으면서도 실제로는 신경질적이고 항상 뭔가를 생각하고 있다'는 정도일까?

바로 주위가 예상하는 이미지대로의 변명을 한 케이스다. 정말로 웃기는 변명이 아니라 "뭔가 다른 이유가 있을 것이다"라고 생각하게 할 수 있는 것도 그의 매력의 하나일지도 모른다. "그런 말도 안 되는……"이라는 말은 듣지만 철저하게 질책받는 일은 없다.

37 변명을 하고 뽐낸다

재계 인사의 모임에 늦은 리쿠르트의 에조에 히로마사 전 사장이 이런 말을 했다.

"나카소네 수상과의 이야기가 길어지는 바람에……."

당시의 총리와 시간을 연장할 정도로 이야기에 열중한다는 것은 보통 사람은 물론이고 재계 인사라도 생각하기 어려운 일이다. 그것을 충분히 알고서 하는 발언일 것이다.

변명함과 동시에 자신이 얼마가 거물인가, 정계에도 얼굴이 통하는가 하는 것을 강조하고 있는 것이다. 유명인이나 권위 있는 사람과의 관계를 강조함으로써 자신의 가치를 높이려 하는 '영광욕형'의 전형적인 변명이다.

이 변명은 앞에서 나온 비트 다케시의 변명과는 반대로 그의 인간 이미지와 반대의 것을 말하고 납득시킨다.

자신이 '성실하고 융통성이 없는 사람'이라는 이미지를 상대가 가지고 있다고 생각되는 경우에 "집사람이……"라고 말하며 가정을 증거 삼는 변명도 같은 타입이다. 그런데 말을 듣는 쪽은 공적인 상황에 사적인 것을 들고 나오는 인물에게 불쾌감을 갖기도 한다. 또 유명인이라도 누구나 교류 관계가 있는 사람을 증거로 삼으면 아무런 효과도 없다.

다만 직함에 약한 타입의 사람은 주의가 필요하다. 일본인에게 많은 타입인데, 이들은 직함에 의한 효과를 악용한 사기에 걸릴 가능성이 크다. 보통 사람이 모르는 세계의 이야기를 들으면 대수롭지 않은 전문 용어를 내놓기만 해도 납득해버리는 경우가 있다. 명함만 보고 쉽게 신용하는 것처럼.

38 듣는 쪽이 신경 쓰고 마는 불가사의한 대사

카뮈의 소설 《이방인》에서 살인한 주인공이 말한 대사.

"태양이 너무 눈부셔서……."

변명은 한순간에 의미가 통해야 한다. 어떤 의미인가를 생각하게 해서는 변명으로서 성립되지 않는다. 그런데 이것은 듣는 쪽이 이미지를 부풀려서 그런 것도 관계가 있을지 모른다고 생각하게 하는 묘한 설득력을 갖는 '자기만족형'의 변명이다. 일종의 레터릭rethoric: 수사이다.

이와 같은 유명한 대사를 흉내내서 변명하는 경우 상대는 "어떤 의미인가?" 하고 물으면 촌스럽다 생각할 것 같아서 반문할 수 없다. 말하고 있는 사람이 소양이 높은 듯한 인상을 주는 말이라고도 할 수 있다.

잘 생각해보면 이유가 되지 않는 말로서는 이런 것도 유명하다.

"거기에 산이 있기 때문에……."

"당신은 왜 산에 오르는가?"라고 물었을 때 프랑스의 소설가 A. 말로A. Malraux가 대답한 유명한 한마디다.

재미도 없는 표현이지만 저명한 작가, 지식인이기 때문에 통용되었다고 말할 수 있다. 일반인도 사용할 수 있지만 이것이 유명한 대사라는 것을 모르는 상대에게 말해봐야 반응은 없을 것이다.

이들의 '자기만족형' 변명은 사용하는 측이 때와 상대를 고르지 않으면 "장난치고 있는 건가?"라며 크게 빈축을 살 우려가 있다. 문학에 조예가 깊은 상대에게는 주의해야 한다.

또 이 변명에는 "어리석은 질문을 하지 마라"라는 생각도 포함되어 있기 때문에 평소부터 자신이 무시당하고 있다고 생각하는 상대에게는 피해야 한다.

39 미인의 변명 이면에 비뚤어진 주종 관계가 있다

유명한 여배우 엘리자베스 테일러는 상습적인 지각쟁이로 유명하다. 남 앞에 나간다 생각하면 위축되어 늦어진다고 한다.

그래서 지각했을 때 이런 말을 하는 여성이 있다.

"엘리자베스 테일러도 자주 지각한다고 하잖아요?"

이것은 유명인(권위)과 동일시하는 변명이다. 그런 사람이 하고 있는 것이기 때문에 나쁜 일이 아니라는 이론으로 '헤일로(후광)형'의 변명이다(대부분의 사람은 엘리자베스 테일러와 같은 저명인의 행동에는 정당한 이유가 있다고 생각한다).

그런데 실제로 헤일로의 위력은 그다지 기대할 수 없다. 왜냐하면 유명인(권위)이기 때문에 용서되는 것이며 "때문에 나도 용서

될 것이다"라고는 아무도 생각하지 않기 때문이다.

그런데 신체적 매력이 풍부한 사람('미인'을 심리학에서는 이렇게 부른다) 중에는 시간을 지키지 않는 사람이 많다. 권력이나 세력 관계에 있어서 자신이 위라고 인식하고 있으면 상대보다 늦게 그 자리에 도착하는 경향이 있다. 추어올려주고 있으면 자신이 주主이고 다른 사람이 종從이라는 착각에 빠지는 모양이다. 요컨대 권력이나 세력 관계에서는 항상 자신이 위이며 상대보다 늦은 시간에 도착해도 된다, 아니 그렇게 해야 한다는 의식을 갖게 되어버리는 것이다.

기다리게 해도 아무렇지 않은 사람은 이쪽보다 자신 쪽이 위라고 생각하고 있거나 이쪽에게 그렇게 생각하게 하고 싶다는 의식이 있는지도 모른다.

정치인은 왜 태연하게 거짓말을 하는가

40 일반 시민의 믿음을 이용

보통의 감각을 가진 사람에게는 좀처럼 말할 수 없는 변명을 정치인은 아주 간단하게 공언한다.

"비서가 한 일이라 나는 모른다."

공개하지 못하는 헌금, 탈세, 오래전에는 쇼와 덴코 사건*에서 록히드, 리쿠르트 사건**, 사가와 큐빈*** 등 갖가지 의혹이 생길 때마다 반복되는 바로 '외벌형'의 발뺌이다. "개인 사무소가 한 일이기 때문에 나는 모른다", "아내에게 전부 맡기고 있기 때문에……"라는 등이 이에 속한다.

일반 시민으로서 정계의 내부 사정은 알기 어려운 것 중 하나다. 비서와 정치인과는 대단한 거리가 있으며 자금 등의 통속적인 것에 대의원은 직접 관계하지 않겠지 하는 일반 시민의 믿음을 그들은 이용한다. 이것도 보통의 사회에서는 통용되지 않는 변명이라 말할 수 있다.

"각 부장의 독단으로……."

쇠고기 위장이 발각된 일본 햄 본사의 간부도 이런 '무벌형'의 발언으로 자회사 간부에게 모든 책임을 전가시키려 했다. 조직의 일은 세분화되어 있다. 그것을 강조한 말이다.

그러나 이런 것을 말하는 사람일수록, 요컨대 조직형 인간일수록 부하에게는 모든 것을 세밀하게 보고하라고 요구한다. 당연히 스스로 지시를 내릴 때도 있었을 것이다. 실정을 파악하고 있기 때문에 자신을 보호하기 위해서는 부하의 탓으로 돌릴 수밖에 없다는 판단이 선 것일까?

---

*쇼와 덴코 사건 부흥 자금으로서 부흥 금융금고에서 융자를 얻기 위해 대 메이커인 화학공업회사 쇼와 덴코의 히노하라 세쓰조 사장이 행한 정부 고관이나 정부 금융기관 간부에게 준 증수회 사건
**리쿠르트 사건 주가 상승이 확실했던 리쿠르트코스모스사의 미공개 주식을 뇌물로 받은 정치인, 관료들이 잇따라 체포된 일대 부정사건
***사가와 큐빈佐川急便 1992년에 뇌물(매수자금)로 사용한 정계 공작인 이른바 '도쿄 사가와 큐빈 사건'을 일으켰고, 또 2001년에는 나라 현경県警을 무대로 한 부정사건 '나라 사가와 큐빈 사건'도 일으켰다.

41 통용되지 않는 조크

연예계의 중요 인물이라고 불리는 이들은 어떤 의미에서는 정치인과 비슷한 감각을 갖는지도 모른다. 하와이 공항에서 대마초를 소지했다가 체포된 모 거물 배우가 이렇게 말했다.

"앞으로는 팬티를 입지 않을 거야."

입고 있는 팬티에서 대마초가 발견된 것이다. 이런 골탕 먹이기 같은 변명, 조크라고도 할 수 있는 변명은 타이밍이 생명이다. 평소에 이런 조크가 익숙하지 못한 사람이 사용할 만한 말은 아니다.

물론 이 배우가 빈축을 산 것은 말할 것도 없다. 이는 '자기만족형'의 변명이다.

42 비상식적인 발언은 안이함에서

유키지르시 식중독 사건* 때, 소용돌이에 휩싸인 유키지르시유업의 사장이 몰려오는 매스컴에 대해서 이런 말을 했다.

---

*유키지르시 식중독 사건 유키지르시유업(주)가 오사카 공장에서 제조한 저지방 우유 등을 원인으로 한 식중독 사건으로, 피해자가 1만 4780명에 달한 근래에 유례가 없는 대규모 식중독 사건

"나는 잠을 못 자고 있었다고!"

수면 부족이라면 매스컴의 규탄으로부터 도망칠 수 있다고 생각했던 걸까?

이것도 "수면 부족으로 피로해 있는 사람은 좀 더 위로받아야 할 것이다", "업무에 쫓겨 자지 못하고 있는 나는 좀 더 위로를 받아도 좋을 것이다"라는 안이한 사고에서 튀어나온 발언일 것이다. '무벌형'의 변명이다.

정색은
부질없는 변명

43 프라이드가 강하기 때문에 정색한다

아내가 먹여 살리고 있는 남편같이 돈을 별로 벌지 못하는 사람이 사용하는 '일반화형'의 변명이 있다.

"인생에는 돈보다 중요한 것이 있다."

사실은 일할 생각이 없는지도 모른다. 돈을 버는 인간과의 비교를 피하고 싶다는 심리도 작용하고 있을 것이다.

분명한 것은 자신의 능력을 과대평가하고 있거나 혹은 현실(자신에게 불리한 것)을 보고도 못 본 체하고 있거나 둘 중에 하나라는 것. 이런 변명은 엘리트 의식이 강한 사람에게 많다.

"샐러리맨 따윈 되고 싶지 않아."

이것은 '달콤한 레몬형+억압형'의 변명. "돈보다 중요한 것이 있다"라고 하는 남편과 똑같은 의식의 소유자라 할 수 있다.

이런 보기에 딱한 남편이라도 부부 사이는 계속된다. 자신의 인생(꿈)을 상대 남성에게 맡긴다는 10년 전의 여성이라면 만약 이런 변명을 해도 남자에게 매달릴 가능성은 있는 것이다.

그런데 남자가 프라이드만 강하고 여성의 돈과 육체만을 목적으로 하는 경우 여성은 주의하는 것이 좋다. 그 남자가 자신이 생겼을 때 버림받을 위험이 높기 때문이다.

44 '꺼림칙함'이 있으면 단정적인 표현으로

낭비에 정당한 이유는 없다. 낭비했다고 아내로부터 책망받은 남편이 대답이 궁해져 이런 말을 한다.

"돈은 사용하기 위해 있는 거다."

일반론을 내세우고 규탄을 피하려고 하는 '일반화형+억압형+인지적 불협화형'의 변명이다.

한편 이런 견해도 가능하다. 단정적인 표현으로 간단히 말하는 이런 변명에는 때때로 '꺼림칙함'이 그 이면에 있다. 짧고 단정적인 발언에는 거짓이 숨겨져 있다는 연구 보고도 있다. 다만 호의적으로 해석하면 이와 같은 표현을 하는 사람은 적어도 인색하지는 않다. 자신의 지갑 속을 1엔 단위로 알고 돈이 들어올 때마다 저축을 하는 신경증 경향이 있는 사람은 결코 이와 같은 표현을 쓰지 않을 것이다.

그 밖에도 이런 표현이 있다.

"돈은 돌고 도는 것."

'일반화형+억압형'의 말이다. 아내와 남편 사이에 아직 애정이 있는 동안에는 이런 변명을 해도 아내는 남편을 남성적이라고 생각할지도 모른다. 그러나 애정이 식었을 때는 그런 식으로는 생각하지 않을 것이다. 남편이 이와 같은 태도를 취하고 있다면 아내가 남편 몰래 돈을 숨기며 낭비를 시작하는 경우가 있다. 이는 남편의 애정을 받지 못하게 되었다고 여겨 돈을 사용하는 쪽으로 의식을 옮겨 가기 위한 행동이다. 자신이 얻을 수 없게 된 애정을 모이는 돈의 크기로 확인하고 있는 것이다.

변명 하나만 보아도 애정과 돈의 관계가 미묘하게 드러난다.

45 '담배'의 백해에도 이런 변명이

헤비 스모커와 담배를 피우지 않는 사람들에게 "담배에 걸리면 폐암에 걸릴 수 있습니다"라고 담배의 해악에 대해 몇 가지 이야기를 하고, 그 중 어떤 것을 믿을 것인가를 조사해본 실험이 있다.

그에 의하면 헤비 스모커 그룹은 무슨 말을 해도 믿지 않는데 피우지 않는 사람은 믿는다고 하는 산뜻한 결과가 나왔다.

이와 같이 자신의 신념이나 이론에 맞지 않는 정보가 주어졌을 때 정보 쪽이 잘못되어 있다고 판단하는 심리를 '인지적 불협화'라 한다.

"담배를 피워도 암에 걸리지 않는 사람은 걸리지 않는다."

이런 말은 바로 '인지적 불협화형'의 변명이다. 흡연자에게 암이 높은 비율로 발생한다는 정보를 잘라버리고 담배를 피우고 있어도 오래 살고 있는 사람이 있다는 정보만을 주장하고 있는 것이다. 프로이트는 애연가로 알려져 있는데 그가 설암으로 사망한 것은 의외로 알려지지 않은 것도 불리한 정보가 잘려버린 결과일 것이다.

그런데 금연에 대한 작금의 의식의 변화는 애연가가 아니라도 놀랄 만하다. 암에 걸리고 안 걸리고의 문제가 아니라 연기를 내뿜는 것 자체를 죄악시하는 시대가 되었다.

지금은 흡연 차량(좌석)이 거의 없다. 있는 것은 극히 소수의 흡연 코너뿐이다. 걸어다니면서 담배 피우는 것도 조례로 금지하는 구역도 나왔다.

"아무래도 피우고 싶은걸"이라는 변명이 들려올 것 같다.

46 금연하지 못하는 사람의 심층 심리

담배와 흡연자의 성격에 대해서 이런 연구 보고가 있다. 외향성의 사람이 담배를 피우는 것은 니코틴의 부작용으로 인해 각성되고 흥분되기 때문이다. 따라서 흡연으로 인해 스트레스가 제거되는 것이 아니라 각성으로 인해 스트레스를 얼버무릴 수 있다는 것이다.

한편 내향성인 사람이 담배를 피우는 것은 담배의 또 하나의 특징인 진정 효과를 구하는 것. 요컨대 활동적인 사람은 담배를 피우면 보다 활동적이 되며 소극적인 사람은 담배를 피움으로써 긴장된 상황에서 침착함을 되찾을 수 있다는 것이다.

"참으면 스트레스 때문에 몸에 더 해로운 거야."

이런 주장을 하는 사람은 아마도 이 정보를 어디서 들었기 때문일 것이다.

이 보고에 의하면 분명히 담배도 효용이 있게 되는데, 한편 백해가 있다는 것도 사실이다.

이 주장 역시 자신에게 불리한 정보를 부정한 '인지적 불협화형'이다. 혹은 효용을 강조함으로써 현실에서 도피하고 있다고 해석할 수 있다. 이 변명을 입에 담고 있는 흡연자 자신도 담배가 몸에 해롭다는 것을 깨닫고 있을 것이다.

담배의 해를 인정하고도 더욱 대담한 표현을 하는 사람도 있다.

"좋아하는 담배를 피우다 죽는다면 만족스럽다."

'억압형'에 '새콤한 포도형'을 복합한 말이다.

이런 단정적인 표현을 하는 사람들 중에는 떼를 잘 쓰는 사람이 많다. 사실은 상대가 걱정해주기를 바라고 있으며 성격이 의존적이다.

자식이 부모에게 욕지거리하는 것은 결코 진심에서 그렇게 생각하고 있는 것이 아니라 결국은 마음 써주기를 바라고 긍정해주기를 바라는 것이다. 이런 변명을 하는 사람의 심리도 그에 가까운 면이 있다.

47 괴로운 선제공격

정색하는 것을 자각하고 정색하는 데 대한 죄책감을 가지고 있는 사람은 상대와의 마찰(대립)을 될 수 있는 한 피하려고 한다.

"정색하고 있는 게 아니라고."

이런 사람은 분명히 정색하고 대담하게 나오고 있다.

"정색하고 있는 건 아니라고."라는 말을 앞에 붙이며, 보통 정색하고 대담하게 나온다고 생각하게 하는 발언이라고 자각하고 있는 것을 어필하면서 자신의 발언은 그것과는 다름을 강조한다. 상대로부터 비난받지 않도록 하면서 자신의 주장을 관철해버리는 '핸디캐핑형'의 방법이다.

자신에 대한 변명은 왜 하는가

마음의 평형을 유지하기 위해서 48

무엇을 해도 잘 안 되고 모든 것이 뜻대로 되지 않을 때는 자신에 대해서도 변명을 하고 싶어진다. 아니 그보다 우리들은 자신에 대해 변명을 하면서 인생의 산이나 계곡을 넘어오고 있다고도 말할 수 있다.

실제 자신에 대한 변명에는 마음의 평형을 유지하는 효과가 있는 것처럼 생각된다. 변명뿐인 인생에 발전은 없겠지만 때로는 자신에게도 변명을 해서 마음의 휴식을 취할 필요가 있는 것이 아닐까?

특히 자신에 대한 변명도 허용할 수 없는 결벽한 사람은 너무 자신에게 엄격한 것은 아닌지 뒤돌아보는 것은 어떨까? 사람이 살아가는 데 필요한 변명을 허용하는 정도의 융통성은 필요할 것이다.

49 혼자서 불만을 해소한다

사람의 행동이나 만족감은 아웃풋과 인풋의 밸런스로 결정된다는 '교환 이론'이 있다. 아웃풋은 그 일에 쏟아 부은 능력이나 노력이며 인풋은 그에 의해 얻어진 보수나 명성이다. 이들의 밸런스로 사람은 일하고 있다고 하는 이론이다. 일종의 경제 모델이기도 하다.

아웃풋과 인풋을 어떻게 평가하는가는 본인에게 달려 있다. 같은 수고를 해도 그것을 고생이라 생각지 않는 사람이 있는가 하면 고생했다고 느끼는 사람도 있다. 그런 평가는 극히 주관적인 것이다.

"여러 가지 일이 있었지만 공부가 되었다."

'새콤한 포도형'의 말이다. 이 사람은 대단한 생각도 하고 자기 나름대로 노력도 했겠지만 그다지 부자가 되어 있지 않다. 이렇게 말하는 사람은 이 단계에서는 아웃풋과 인풋에 차이가 있는 것이다. 그렇다고 그가 남을 '속이고 있다'고 책망해서는 안 된다. 본인은 자신이 성장했다고 생각함으로써 투자한 것과 얻어진 것의 밸런스를 잡으려 하고 있는 것이기 때문이다.

그런데 이것이 입버릇처럼 되어 있는 사람에게는 주의가 필요하다.

노력은 했지만 결과는 좋지 않다는 상황이 계속되면 어떤 사람이나 '하고자 하는 마음'이 없어지게 된다. 따라서 자포자기가 되어 있을 가능성이 있다.

능력의 저하를 나이 탓으로 돌린다 50

이런 말이 나온 순간부터 늙기 시작한다.

"이제 젊지 않으니까."

분명히 나이와 더불어 뇌의 유연성이 없어지게 되는 것은 사실이지만 개인차는 있다. 게다가 언어적 능력에 한해서 말하자면 나이가 들수록 더 발전하게 된다. 수학자나 과학자로서 활약하는 것은 젊은 사람이 많지만 문학자나 언어학자 중에는 고령이라도 현역으로 활동하고 있는 사람이 많다.

그렇다면 젊지 않다고 하는 것은 실로 애매한 이유다. '새콤한 포도형+셀프핸디캐핑형'의 변명이라 할 수 있다.

적극적이었던 것이 소극적이 되고 두려움을 몰랐던 것이 신중해지고 억센 기세였던 것이 합리적이 되었다는 변화를 지적받았을 때 "이제 젊지 않으니까"라고 말해버린다.

그런데 이 말을 입에 담는 순간부터 마음이 정말로 늙어버린다. 이는 편리한 면죄부를 손에 넣은 것과 같은 것으로, "젊지 않다"라는 말만 듣고 나오면 자신을 스스로 용서해버리게 되기 때문이다.

"이제 나이가 나이니 말이야."

이것도 '새콤한 포도형+셀프핸디캐핑형'의 말이다. 중년, 노년들이 모이면 신체에 관한 화제가 많아진다. 나이와 더불어 쇠퇴해가는 인간끼리의 '위로'는 젊은이에게는 귀에 거슬릴 수밖에 없다.

나이를 들어 변명을 하는 것은 중년·노년의 상투적인 수단인데, 일꾼으로서의 결함을 스스로 인정하고 있기 때문에 점점 주위에서 신뢰하지 않게 된다. 사람들이 가련하다는 눈으로 보기 시작하면 그걸로 끝장이다.

51 용서해주고 싶은 중년 남자

컴퓨터도 다루지 못한다는 등의 험담을 듣기 전에 스스로 '나이'라는 핸디캡을 붙이는 경우는 많다. 다음은 '셀프핸디캐핑형'의 변명이다.

"이 나이가 되면 기계에 익숙해지지 않아서 말이야."

이런 식으로 말하는 상대를 비난할 말은 얼마든지 있다. 그러나 이 정도의 한마디는 용서해주고 싶다.

머리는 굳어질 대로 굳어져 있고 실제로 중년·노년이 되면 OA기기의 조작을 익힐 시간도 없다. 컴퓨터 단말기를 만지작거릴 시간에 프로젝트의 전체 관리나 인사 관리 등 그 밖에도 해야 할 중요한 일이 기다리고 있다.

　실은 부하를 앞에 두고 이런 말을 하는 사람은 자신을 냉정히 보고 있고 본인이 말할 정도로 머리가 딱딱하지 않은 경우가 많다. 정말로 머리가 굳어져 발상이 빈약해져 있는 이들은 오히려 그것을 깨닫지 못하고, 잘 안 될 때가 있으면 주위가 미숙하다 생각하고 외벌적이 되어 공격적인 비판을 반복하는 법이다.

상식을 이용한 변명

52 자신에게 엄한 사람은 사용하지 않는 변명

호화로운 피로연을 열게 된 커플이 겸연쩍음을 감추려고 이런 말을 하는 경우가 있다.

"우린 하고 싶지 않았는데 부모님이……."

'외적 귀속형'의 말이다. 유흥의 유혹을 거절할 때 "아내가 싫어해서"(외적 귀속형)라고 말하거나 재취직이 뜻대로 안 될 때 "아이가 아직 어리니까 무리는 하고 싶지 않아"(외적 귀속형＋억압형＋셀프핸디캐핑형)라고 말하는 것도 마찬가지다.

아마도 이런 말은 사실일 것이다. 그런데 굳이 드러내어 말할 때는 변명인 경우가 많다. 골똘히 생각해보면 "자신들도 결혼식을 하고 싶으니까", "그 친구하고는 놀고 싶지 않기 때문에", "직장을 찾기가 귀찮기 때문에"라는 본심을 얼버무리기 위한 방책이라는 것을 알 수 있다.

이런 대사는 "부모라는 존재는 결혼식을 시키고 싶다고 생각하는 법이다", "아내라는 존재는 유흥 때문에 집을 비우는 것을 싫어하는 법이다", "아이가 어렸을 때는 어머니는 집에 있어야 한다"라는 사회 통념을 이용하고 있다는 공통점이 있다. 요컨대 부모, 아내, 아이를 이유로 들고 있지만 실제로 그들에게 책임을 전가하고 있는 것은 아니다.

흔히 사용하는 이유지만 자신을 철저히 추궁하는 타입, 자신에 대해서 엄한 타입의 사람은 사용하고 싶어하지 않는 방법이다.

53 바보라고 인정하면 실수는 용서된다?

어려운 이야기를 듣고 알 수 없게 되었을 때, 일하다 실수했을 때 혹은 연애할 때…….

"나는 바보니까……."

때와 장소를 불문하고 이런 말이 널리 사용되고 있다.

"남자는 밖에서 일하며 능력을 발휘하는 법이다"라는 믿음이 있기 때문에 대부분의 남성은 능력을 낮게 평가받게 되면 심하게 상처받는다. 그런데 전통적인 성별 역할 분업을 긍정하고 있는 여성은 자신이 그 부분에서 승부하고 있다는 생각은 하지 않기 때문에 능력을 인정해주지 않아도 상처받지 않는다. 극단적인 경우에는 친한 남성에게 "당신은 바보야"라는 말을 들어도 기쁨을 느낄 때가 있다.

여성이 이와 같은 말을 하는 경우 무엇을 가지고 '바보'라 말하고 있는지 근거나 기준은 애매하지만 그것은 문제가 되지 않는다. 실제로 그 여성이 바보인지 어떤지도 모른다.

"여자는 바보인 쪽이 좋다"라는 편견을 역으로 이용해 남자 사회에서 조금이라도 유리하게 살려고 할 때 사용되는 말이다. 자신을 낮은 위치에 떨어뜨림으로써 상대를 높이는 '영합형'의 행동, 즉 일종의 아첨이다.

"나는 추녀니까."

이것도 '영합형'이다. 남에게 그런 말을 듣기 전에 자신이 먼저 말해버리는 여성의 심리도 "바보니까"와 비슷하다.

자기 스스로도 그렇게 말했으면서 남이 '추녀'라고 하면 이런 사람은 화를 낸다. 상대를 상처입히지 않으려고 생각하면 "그렇지 않아"라는 한마디밖에 대꾸할 말이 없다.

남자로서는 어떻게든 이런 말이 여자 입에서 나오지 않도록 여성을 추궁하지 말아야 할 것이다.

54 '여자는 힘 없음'을 무기로 한다

여성의 말 중에 성의 차이를 더욱 강조한 표현이 있다.
"나는 여자인걸."
자신의 약함을 인정하고 있는 것 같지만 실은 인정하고 있지 않은 것이다. 일종의 '부추김'이며 자신을 낮추고 상대의 입장을 높이는 방법이다. '셀프핸디캐핑형'과 '영합형'이 합쳐진 타입이라 할 수 있다. "어쩔 수 없군. 그럼 내가……"라는 식으로 상대가 대답해주면 원하던 대로 된 것이다.

그런데 이는 "여자는 완력도 지력도 남자에게 뒤떨어진다"라는 사회적 이미지에 의존하고 있는 것으로, 오히려 자신의 입장을 불리하게 만들어버리는 위험도 있다. 또 본심이 아니라는 것도 명심해둘 필요가 있다.

아마도 이런 변명은 남녀의 역할 분업이 붕괴되어감에 따라 신통력이 점점 사라지는 것 같다. 다만 "여성다움을 잃는 것은 두렵다"라는 의식은 없어지지 않을 테니까, 그래도 여성의 변명으로서 살아남을 것이다.

그런데 남자의 경우 이와 같은 말이 통할까? 성의 차이나 약함을 호소하는 변명은 남성에게는 유용하지 않을 경우가 많다. 남성이 성의 차이를 강조하는 것은 이상할 테고 아무도 그런 사람을 상대하지 않을 것이기 때문이다.

　가사일 같은 것을 부탁해왔을 때 "남자니까(남자라 이런 일은 할 수 없다)"라고 말하는 정도일까. 남자에게는 도망갈 길은 없는지도 모른다.

변명에서 관계의 변화가 보인다

55 평범한 변명으로 공감을 얻는다

일단은 권유를 받아들였지만 약속한 시간이 다가옴에 따라 가는 것이 귀찮아질 때가 있다. 그런 때 맨 먼저 생각나는 것은 다음의 '외적 귀속형' 변명이다.

"갑자기 일이 생겨서……."

친구를 상대로 이런 이유를 빈번히 사용하는 사람은 동조성이 높다고 말할 수 있다. 동료와 동조하고 싶다는 의식이 강하고 동료에게 따돌림당하는 것에 불안을 갖기 쉬운 타입이다. 자립심이 강하고 독립적인 사람이라면 "가고 싶은 마음이 없어졌다"라고 분명히 말할 것이고 그 이전에 마음이 내키지 않는 권유는 깨끗이 거절할 것이다.

그런데 대부분의 사람들은 강한 동조성을 가지고 있는 것이 일반적이다. 요컨대 이 변명은 평범한 변명이다.

'평범'하다는 것은 변명으로서는 나쁘지 않다는 것이다. 변명을 듣는 쪽도 같은 변명을 사용한 경험이 있는 경우가 많고 "어차피 변명이겠지. 갈 마음이 없어진 모양이지"라고 헤아리거나 "갑자기 마음이 내키지 않게 되는 경우도 있을 거야. 알 만해. 오늘은 무리하게 권하지 말자" 하고 공감한다. 서로의 관계를 손상시키지 않고 거절의 뜻을 전할 수 있는 것이다.

56 '여러 가지'를 헤아리는 관계

다음의 변명이 통한다면 부부 관계는 원만하거나 아내가 참을성이 있거나 둘 중 하나라고 생각해도 좋다.

"남자에게는 여러 가지 일이 있는 거야."

'억압형+일반화형'으로 험악한 관계에서는 결코 통용되는 일이 없는 변명이다.

제1장에서 소개한 실험인데, 이미 복사기를 사용하고 있는 사람이 있는데 끼어드는 경우 "먼저 하게 해주시지 않겠습니까?"라고 말하면 70퍼센트의 사람이 "그렇게 하십시오"라고 말하고 양

보해버린다는 결과가 나왔다.

끼어드는 쪽은 원래 "다음 회의에서 사용하기 위해 급하게 복사를 해야 하니 먼저 하게 해줄 수 없겠습니까?"라고 말하는 것이 정석인데, 이유를 생략하고 있다. 그럼에도 불구하고 그 말을 들은 사람들이 양보하는 것은 "급한 모양이군"이라는 식으로 상대의 사정을 읽고 이해하고 있기 때문이다.

"남자에게는 여러 가지 일이 있는 거야"를 둘러싼 쌍방의 마음의 움직임도 이 케이스와 많이 비슷하다.

"빨리 돌아오려고 했는데 잔업이 있어서", "곤란하게도 상사의 권유가 있어서", "술집에서 거래처 사람을 만나서"……라는 사정을 "여러 가지 일이 있는 거야"에 포함시키고 있다. 그것을 상대가 "아무튼 여러 가지 일이 있겠지" 하고 헤아려주기 때문에 성립되는 변명인 것이다.

그런데 남자와 남자의 교제가 있는 것과 마찬가지로 여자에게는 여자밖에 모르는 인간관계가 있다.

"여자에게도 여러 가지 일이 있어요."

그러나 낡은 여성관이 뿌리깊게 남아 있는 경우도 있고 여자의 '여러 가지'는 허용되지 않는 경우도 많다. 이런 말이 아내나 연인에게서 나온다면 두 사람의 관계는 대등하거나 혹은 여성 쪽에 권력이 있다고 말할 수 있다.

57 상대의 자존심을 자극한다

미국에 이런 재미있는 실험 보고가 있다.

남성이 여성에게 데이트를 신청하여 여성(실험 스태프)은 상대에 따라 승낙하는 방법을 바꾼다. 그러면 어떻게 될까?

남성들로부터 가장 높은 평가를 얻게 된 것이 "지금 좀 여러 가지 바쁜 일이 있어서" 혹은 "약속이 있어서" 등 사정을 설명한 후에 "하지만 당신의 데이트 신청이니 어떻게 해보겠습니다"라고 대답한 경우였다.

이 말을 들으면 자신에게만은 특별한 생각을 가지고 있다고 생각할 수 있다. "많은 남성의 주목을 받고 있는 사람이 그 속에서 자신을 택한 것은 자신이 제일 매력적이기 때문이다"라며 자존심이 채워지기도 하고 자신의 가치를 높게 느낄 수 있다.

이런 심리를 잘 이용해서 그 자리를 모면하는 데 가장 좋은 말이 있다.

"진심은 당신뿐이다."

상대의 호의를 끌어내는 '영합형'의 말이다. 이런 말을 해도 믿지 않을 것 같으면 두 사람의 장래는 불안하지만, "그러면 (친구인) 아무개에게 물어봐" 하고 말을 맞추어줄 것 같은 친한 친구를 끌어들이는 방법도 있다. 그러나 여러 번 사용하면 신통력이 없어져버리는 것은 분명하다.

반대로 결혼을 재촉해왔을 때 도망치는 변명으로서는 다음과 같은 것이 있다.

"결혼한다고는 말하지 않았어."

악덕 상법에서도 볼 수 있는 '억압형'의 교활한 대사다. 상대가 따지고 대들 것을 예상하고 포석을 해두었음에 틀림없다.

이 말을 한 것이 남성이라면 여성의 적이라 할 수 있는데, 세상에는 믿을 수 없을 정도로 '착각도 이만저만이 아닌' 인간이 있는 법. 사용하는 측은 아무쪼록 나중에 상대로부터 당하지 않도록 주의해야 한다.

58 일을 방패막이로 삼는다

여성과 호텔에 들어가는 것을 들키고 이렇게 되받아친다.

"서류를 받기 위해서였다고."

말할 것도 없이 일종의 궤변 '일반화형'의 억지다. 더구나 상식에서 벗어나 있다는 점에서 '자기만족형'이기도 하다.

〈오늘 내가 누구를 만났다고 생각해? Guess I saw Today〉라는 재즈 스탠더드 곡이 있다. 거리에서 우연히 남편과 젊은 여성이 데이트

하고 있는 광경을 목격한 아내가 밤에 귀가한 남편에게 오늘 자신이 본 것을 이름은 말하지 않고 담담하게 객관적으로 말해나가는 노래인데, 그 냉정한 말투가 오히려 남편을 정신적으로 궁지에 몰아넣는다……. 추궁하는 방법에도 여러 가지가 있지만 이런 경우 변명하면 할수록 비난이 격해진다.

서류를 받기 위해서라는 말은 업무상 만날 기회가 있는 관계라는 것을 강조한다. 물론 서류를 받기 위해 일부러 호텔로 들어갈 필요는 없지만 업무 관계라면 언제 어떤 때라도, 또 남이 목격해도 이상할 것은 없다. 그렇게 설명함으로써 변명하는 것이다.

"일이기 때문에"라는 변명이 통하는 경우는 많지만, 그것은 계속 추궁해오지 않을 경우의 문제로, "왜 일부러 호텔로 가?"라고 추궁하면 또 다른 변명을 해야 한다. 그러다 보면 자백하지 않을 수 없게 된다.

'생활력이 풍부한 남자의 기질'이라는 말의 진정한 의미

59 바라는 것은 어느 쪽인가

옛날부터 차려놓은 밥상을 먹지 않는 것은 남자의 수치라는 말이 있어왔다. 자신이 바란 것이라면 체면이나 입장이 곤란해지는 경우가 있기 때문에, 흡사 자신이 바라지 않은 것처럼 혹은 상대를 배려한 것처럼 가장한다. '투사형'의 사고방식이다.

"방에까지 들어와서 하지 않겠다니……."

사귀고 있는 상대 여성으로서는 불합리하고 자기 위주의 주장이며 반감을 살 말임에는 틀림없다. 다만 여기까지 말해버리면 남자로서도 물러설 수 없는 곳까지 와 있고 여성 쪽도 웃어 넘길 수 있는 단계가 아니다. 이렇게 되면 수라장이 벌어지는 것은 시간문제다.

때문에 이런 변명은 사귀고 있는 두 사람 사이에서는 터부다(물론 헤어질 계기를 찾고 있는 연인끼리의 경우는 별개 문제지만……).

"하게 해주지 않으면 불쌍하잖아요."

이런 '투사형'의 말을 하는 여성도 없는 것은 아니다. 남자를 좋아하기 때문에 많은 남자와 교제하고 있다고 하는 사실을 마치 상대 남성이 원하기 때문에 상대해주고 있는 것처럼 표현하는 말이다. "남자가 여자에게 접근하는 것은 섹스하고 싶기 때문이다"라는 일반론과 "여자가 원하는 것은 상스러운 것"이라는 생각이 공존하고 있다.

그런데 그 후 주위에서의 반응은 남성이 말하는 경우 이상으로 엄격해질 가능성이 높은 대사다.

60 "남자란 이런 것이다"라는 일반화

바람기의 증거를 잡혀서 빼도 박도 못하게 된 남자의 입에서 흔히 나오는 말.

"바람기는 활동 능력이 풍부한 남자의 기질이다."

"남자란 이런 것이다"라는 일반화에 의해서 벗어나려고 하는 '억압형+일반화형'의 변명이다. 이런 변명은 서서히 통용되지 않게 되고 있는데, 말하는 측의 성격을 생각하면 이런 분석을 할 수 있다.

상대가 쇼크를 받거나 우울해 있을 때 스테레오 타입의 대사로 벗어나려고 하는 사람은 배려하는 마음이 없고 자기 본위적 타입인 경우가 많다는 것이다. 간단히 단정적으로 말하고 있을 때는 거짓을 말하는 경우가 많다는 심리학자의 연구 보고는 앞에서 소개하였다.

또 바람기가 있는 것, 즉 바람을 피우는 상대가 있을 정도의 매력이 있는 것이 남자로서의 가치를 올린다는 생각을 대부분의 남성들이 가지고 있다.

미국의 심리학 실험에서 한 남자 대학생에게 여성을 데리고 학교 안을 걷게 한 다음 학교 내에서의 평가를 조사하였다. 처음에는 용모 단정하고 아름다운 미인과 걷게 하고 다음에는 그다지 미인이라 할 수 없는 여성과 걷게 했다. 그랬더니 학교 내에서의 평가는, 미인 여성을 데리고 있었을 때 남성의 평가가 압도적으로 높았다.

이런 실험 결과는 있지만 바람 피우는 것이 좋은 일이 될 수는 없고 역시 단순한 변명에 불과하다.

또 아내로부터 정나미 떨어졌다는 말을 듣고 헤어질 단계가 되어 이런 말을 하는 사람도 있다.

"우발적이었어!"

'내적 귀속형'이라 말할 수 있다. 최근에는 "사랑하고 있는 것은 너뿐이야"라며 울고 매달리는 남성이 많아졌다고 한다. 남자의 권위고 뭐고 벗어 던지고 원래의 관계로 되돌아가자고 호소하는 모습이 눈물을 자아낼 정도다.

그런데 원인이 남성에게 있다면 자업자득이다

경범죄로 체포된 사람도 흔히 던지는 대사다.

61 울지 않는 남자가 우는 효과

"남자란 이런 것이다"라는 고정관념에 사로잡혀 있는 남성은 '남자다움'에서 벗어난 행동을 취했을 때 변명을 한다. 그 한 예가 눈물에 대한 변명이다.

"눈에 티가 들어가서."

생리적인 이유로 바꿔쳐 얼버무린 '외적 귀속형+억압형'의 변명이다.

일반적으로는 여성 쪽이 눈물이 많다고 생각하지만 본래 눈물에 남녀의 차이는 없다. "남자는 울지 않는다"라는 것은 환상이며 기대인 것이다. 그 기대를 저버리지 않기 위해 사람들 앞에서 눈물을 보이지 않으려고 노력하거나 남녀 간에는 마치 여자와 다른 것처럼 그럴 듯하게 꾸며온 것이다.

때문에 우는 것이 당연하다고 생각되는 여성이 눈물을 흘리며 호소하는 건 그다지 놀랍지 않지만 남성이 눈물을 보이거나 하면 어지간히 중대한 일이라 생각해버린다.

"슬픈 게 아니다. 다만 분해서……."

슬프다는 마음을 숨긴 '억압형'의 표현이다.

'남자의 울음(좀처럼 울지 않는 남자가 복받쳐 우는 울음)'이라는 말을 사용하던 시대에는 "계집애처럼 우는 게 아니다"라며 어필하는 같잖은 말이 있었다. 그런데 시대의 흐름일까? 텔레비전 드라마에서도 남자가 소리내서 우는 신이 많아졌다. 눈물에 변명이 필요 없게 되었는지도 모른다.

나이가 들면 눈물이 많아지는 것은 감수성이 높아지기 때문이 아니라 마음을 억제하는 힘이 약해졌기 때문이다. 마음의 움직임은 자연스런 것이며 심리학적으로 보면 오히려 울 수 있는 쪽이 건전하다. 눈물을 보일 수 있는 인간관계를 만들어두는 것은 긴장 상태의 마음을 푸는 데 중요한 것이다.

**여심과
인생을 아는
이 말**

찰 때와 차일 때 본성이 나온다 62

"당신만을 거절하고 있는 것은 아니다. 지금은 어떤 남자에 대해서도 똑같은 기분을 가지고 있다"라는 의미로 다음의 말을 사용한다.

"지금은 아무도 믿을 수 없어요."

그런데 실제는 "당신은 좋아할 수 없다"가 진실인 경우가 대부분이다. 남에게 좋지 않은 말을 듣고 싶지 않다, 인간관계를 악화시키고 싶지 않다는 생각이 강한 사람이 이런 말을 많이 사용한다. '영합형+일반화형+무벌형'의 자세다.

"지금은 아무하고도 결혼하고 싶지 않아요" 등도 마찬가지지만 '이유가 있음'을 구애됨 없이 어필하고 있는 셈이 된다. 이런 말을 들었을 경우 이쪽은 "너무 깊게 이유를 묻는 것은 곤란할지도……" 하고 생각해버린다. 그렇게 되면 여성 측도 이유를 생각하거나 상처주지 않도록 마음을 쓰는 번거로움이 없다는 것이다.

그런데 그 말 뜻을 착각해서 "곤란한 일이 있다면 내가 어떻게 해주지"라고는 말하지 않도록. 그 말을 듣는 쪽으로서는 우선 그 자리는 물러서는 것이 좋다. 무리하게 다가가 상대와의 가능성을 스스로 단절해버리는 경우도 있을 수 있다.

차고 차이는 장면에서는 남자도 상당히 마음을 쓴다.

"찬 것이 아니라 차인 것이다."

자신의 마음을 상대가 그렇게 생각하고 있는 것처럼 표현하는 '투사형'의 표현이다. 찼다고 말하면 매력이 없다, 싫증났다는 등 상대 여성의 자존심을 상처 입히게 된다. 차인 것이라고 하면 모나지 않게 느껴진다.

견해를 바꾸어 보면 여기에도 성 차이에 대한 편견이 언뜻언뜻 보인다. 여성은 약하기 때문에 보호해주어야 한다, 남자는 강하고 여자를 보호하는 존재…… 등으로 생각하기 때문에 이와 같은 말이 성립되는 것인지도 모른다.

63 본심은 '싫다'

논리적으로는 이치에 맞지 않지만 '그런 경우도 있겠지' 하고 생각하게 하는, 묘하게 설득력이 있는 표현이 있다.

"사랑하지만 헤어진다."

이 말 역시 자신을 지키기 위한 마음에서 나온다. '영합형+자기만족형'이다. 풍파를 일으키고 싶지 않고 원한을 사고 싶지 않기 때문에 하는 말이다. 그런데 본심은 역시 '싫은' 것이다.

자존심이 강하고 스스로 상처입고 싶지 않다는 생각이 강한 상대였던 경우 상당한 확률로 성공하는 변명이다.

순수한 청년이 요염하고 노련한 여자에게 완전히 단물 쓴물 다 빨아 먹히고 나서 차일 때 나오는 소리가 다음의 말이다.

"당신에게 폐가 되니까."

'외적 귀속형'이 헤어질 때 쓰는 대사다. 두 사람의 관계가 이대로 지속될 경우의 장래의 불안에 대해서 "서로의 행복을 위해서"라는 등 눈물을 흘리며 말하면 틀림없이 상대는 납득한다.

그러나 "싫다"라고 대놓고 말하는 편이 좋은 경우도 있다. 그러지 않으면 오히려 마음이 있다고 착각해서 언제까지나 계속 쫓아다니게 될 수도 있다. 자신이 집요한 타입이라고 생각하는 사람은 주의가 필요하다.

또 사귀고 있을 때는 쿨한 성격으로 있을 수 있었는데 헤어지자는 말을 듣는 순간 울며 매달리는 타입도 적지 않다.

의미 있는 듯이 이상하게 말하는 태도에는 그 의미를 잘 생각하고 나서 행동하자.

64 종말이 가까운 두 사람 관계

데이트 약속을 했는데 상대가 약속한 장소에 나오지 않았다. 이튿날 이쪽에서 연락해보니…….

"이제 만나지 않는 것이 좋을 것 같아서."

만나면 말싸움하게 된다는 것을 알고 있으면서 두 사람 모두 헤어짐을 예감하고 있는 경우에는 서로 납득하기 쉬운 말이다. '영합형+일반화형+무벌형'의 변명이다.

또 단순히 상대가 데이트 약속을 깜빡 잊고 있다가 바람맞힌 경우에도 상대는 더 깊은 관계가 되기 전에 서서히 관계를 청산해야겠구나 하고 생각하고 있는지도 모른다. 그리고 상대 입장에서는 필경 애정 드라마의 주인공 역을 연기하고 있다는 생각일까.

그러나 오겠다고 약속했기 때문에 이는 데이트 장소에 나오지 않은 이유가 되지 못한다. 그런데도 상대는 그럴싸한 이유를 붙여 자신의 행동을 정당화하려 하고 있다.

사랑이 식어버렸다 하지만 오겠다는 약속을 해놓고 바람맞힌다는 것은 평가할 수 있는 문제가 아니다.

다만 어떻게든 데이트 신청을 거절할 수 없는 상황으로 몰아넣고 상대로 하여금 마지못해 간다는 말을 하게 한 케이스라면 원인은 데이트 신청한 쪽에 있다.

어찌되었거나 두 사람의 관계는 종말을 향해 나아가고 있는 것만은 틀림없다.

나가는 글

변명을 이끌어내기 위해서

변명을 허용하지 않는 분위기를 만들고 있지는 않은가

변명은 어떤 상대에게든, 어떤 상황에서든 나오는 것은 아니다. 변명하지 말라고 몇 번이나 야단맞고 있다면 조만간 변명은 하지 않게 되는 것은 당연한 일. 거기까지는 가지 않았더라도 왠지 모르게 변명하기 곤란한 분위기라는 것도 있다. 직장의 풍토일지도 모르고 상사의 부하에 대한 태도가 원인인지도 모른다.

　이 책에서는 상대의 변명에서 여러 가지 정보를 읽고 이해하는 방법을 기술해왔는데 중요한 변명을 들을 수 없다면 어찌할 도리가 없다.

　변명을 허용하는 것이 성숙된 어른의 사회라는 것은 제1장에서 기술한 바와 같다. 모르는 사이에 변명을 허용하지 않는 분위기를 만들고 있지는 않은가. 마지막으로 그렇게 되지 않기 위한 방법을 소개해두고자 한다.

학교 수업에서 교사가 질문하고 학생이 대답한다. 이 흔히 있는 광경에 실은 힌트가 있다.

교사가 질문을 했을 때 손을 드는 학생을 지명하면 대답은 순조롭게 돌아온다. 그런데 수업 도중에 아무런 예고도 없이 "이 문제에 대해서는 어떻게 생각하나? ○○군, 어떤가?"라고 물었다고 하자. 즉석에 대답할 수 있는 학생은 거의 없다. 설마 자신을 교사가 지명하리라고는 생각하지 못하고 마음의 준비도 안 하고 대답도 준비하지 않았기 때문이다.

나도 대학에서 학생들을 가르치고 있기 때문에 이런 경험은 일상적으로 있다. 학생은 "네"라고 대답은 하지만 더 이상 말을 못한다. 이럴 때 만약 당신이 교사라면 어떻게 하겠는가? "몰라? 그러면 아무개 군" 하고 다른 학생을 지명해버리는 방법은 찬성할 수 없다.

질문한 쪽은 "이 부분에서 질문을 하자"라는 식으로 전부터 생각하고 있었다. 때문에 "빨리 대답해"라고 재촉하고 싶지만 이것은 너무 자기 위주의 주장이다. 질문을 준비하고 있던 선생과 달리 상대는 대답할 준비를 하고 있지 않았기 때문이다. 비록 수업에 집중하고 있어도 대답을 정리하려면 시간이 필요하다.

때문에 나는 이런 경우 학생에게 생각할 시간을 준다. 그러나 그저 잠자코 있어서는 답답하고 시간이 지나갈 뿐이기 때문에 별로 중요하지 않은 이야기를 건네보곤 한다. 그 과제와 전혀 관계없지 않으면서 학생의 사고를 방해하지 않는 이야기. 경우에 따라서는 대답의 힌트가 되는 것을 빗대서 말해줄 때도 있다.

이것을 직장으로 바꿔놓고 생각해보자. 갑자기 상사가 부하의 책상으로 다가와서 "Y군, 사토상사 건은 이렇게 된 모양인데 그건 도대체 무엇이 원인이었던 건가?"라고 질문한다. 상사는 그 건에 대해서 이것저것 생각한 끝에 부하에게 질문하러 온 것이다. 때문에 갑작스런 행동이 아닌지도 모르지만 질문을 받은 부하에게는 청천의 벽력이다. 다른 일을 하고 있거나 다른 것을 생각하거나 혹은 직전까지 전화를 걸고 있었을지도 모른다. 고작해야 우선 상사가 무엇을 질문하고 있는가를 갑자기 이해하는 정도일 것이다. 대답을 바로 할 수는 없을 것이다.

그런데 잇따른 질문 공세를 하는 관리자들이 적지 않다. 부하는 횡설수설하게 된다. 그것을 보고 상사는 초조해한다. 개중에는 "어떻게 되고 있는지 묻고 있지 않나!" 하고 거칠게 말하는 사람도 있다. 몰아세우는 통에 부하가 겨우 꺼낸 한마디가 애매하거나 하면 그때는 정말로 큰일이다. 초조한 상사는 "나중에 문서로 보고하도록 해" 하고 돌아가버린다. 이와 비슷한 광경을 많은 사람이 목격한 적이 있을 것이다.

이와 같은 분위기에서는 순수한 변명은 나오지 않는다. 성실한 사원일수록 입이 무거워지고 그 결과 이 관리자의 귀에는 필요한 정보도 잘 전해지지 않을 것이다.

변명에 논리성을 요구하지 말라

서론에서도 기술했지만 변명을 그대로 써보면 애매하고 논리는 모순되고 의미 불명의 서툰 문장이 되는 경우가 많다. 그런데 그것으로 일이 무마되는 것은 그 애매함을 받아들이는 인간관계가 성립되어 있기 때문이다.

제1장에서 소개한 "먼저 복사하게 해주시겠습니까?" 하고 끼어드는 실험 결과를 보더라도 알 수 있듯이 말의 형태에만 반응하고 상세한 논리성은 무시하는 것이 일반적이다.

정보를 전부 처리하려 하면 인간의 마음은 펑크나버린다. 때문에 적당히 처리하도록 잘 만들어져 있는 것이다. 변명이라는 것이 통용되는 것도 이와 같은 마음의 시스템의 효용이라 생각해도 좋다.

"버스가 늦는 바람에."

이것은 늦어진 이유가 되지 않는다. 그럼에도 불구하고 이 한마디로 넘어가고 있는 것은 듣는 쪽이 '버스'라는 말에만 반응하여 납득하고 '늦어졌다'라는 실태를 백지 상태로 돌려주기 때문이다. 이것을 일일이 "일찌감치 나왔으면 될 일인데 버스라는 것은 늦는 게 당연하잖아. 이유가 되지 않는다"라는 식으로 파고들어서 상대를 비난한다면 인간관계를 악화시킬 뿐만 아니라 모든 것이 시간만 걸리고 순조롭게 진행되지 못하게 된다.

변명에 논리성 같은 것을 요구하는 게 더 이상한 일이다. 변명에는 처음부터 논리 따윈 없다.

남의 말은 별로 듣고 있지 않다

남의 이야기에 귀를 기울이는 것은 중요하지만 그렇게 항상 주의했는데도 실제로 듣고 있는 것은 이야기의 극히 일부일 수밖에 없다. 상대의 이야기를 전부 이해하고 있는 것처럼 생각해도 일부밖에 듣고 있지 않기 때문에 이해하지도 못하고 있다. 이것은 갖가지 실험에서 증명되고 있는 것이다.

듣고 있는 것은 자신이 흥미를 가진 말 혹은 상대가 강조한 말이다. 간단한 예를 들어보자.

A 나는 옛날에 뉴욕에서 지낸 적이 있습니다. 초등학교 2학년 때 아버지가 뉴욕으로 전근 가게 되었기 때문입니다. 열다섯 살까지 뉴욕에 있었는데 제일 인상에 남아 있는 것이 아버지를 따라갔던 카네기홀에서의 로스트로포비치Rostropovich: 소련 출신의 첼로 연주자의 콘서트입니다. 그런 의미에서 부친께 감사하고 있습니다. 그와 같은 기회는 좀처럼 없으니까 말입니다.

B 네? 카네기홀에 갔단 말입니까? 로스트로포비치는 나도 팬입니다. 그의 첼로는 최고죠.

이 대화를 어떻게 봐야 할까? 써놓으면 길지만 A의 이야기는 아마도 몇 십 초밖에 안 걸리는 짧은 이야기였을 것이다. 그럼에도 불구하고 B는 '카네기홀'과 '로스트로포비치'밖에 듣고 있지 않다. 흥미를 가진 것이 이 두 개의 단어뿐이기 때문이다.

아마도 B는 나중에 제삼자가 "A씨가 왜 뉴욕에서 살게 됐나요?"라고 물어도 "분명히 아버지 업무 관계인가 뭔가로……" 정도밖에 대답할 수 없을 것이다. 듣지도 않았고 이해도 하고 있지 않고 기억하고 있지 않은 것이다. A가 전하고 싶었던 것은 부친에게 감사하고 있다는 것인데, B는 그와 같은 말에는 흥미가 없기 때문에 듣지도 않았을 것이다.

이런 예에서 얻을 수 있는 변명에 대한 교훈은 두 가지가 있다고 생각한다.

첫째로, 변명이라고 생각한 순간 불끈 하고 반응하여 냉정함을 잃으면 어떻게 되겠는가? 냉정한 때도 상대의 이야기는 일부밖에 듣고 있지 않는데 감정적이 되었다면 더욱 듣지 않을 것이다. 불끈 화를 내고 있는 것 자체가 예상이 어긋났는지도 모른다. 몇 번이고 반복해 기술하고 있듯이 변명은 최후의 최후까지 냉정하게 듣는 것이 좋다.

둘째로, 이것은 변명에 한한 것은 아니지만, 자신의 이야기도 상대에게 전부 전해지고 있는 것은 아니라는 점을 명심해야 한다. "변명 따윈 하지 마. 대체로 네가 이런 짓을 하니 안 되는 거야. 그런데 남의 탓으로 돌리다니. 너도 사정이 있을지 모르지만 이번에는 변명의 여지가 없어. 머리를 식혀"라는 식으로 많은 정보를 전하려 해도 상대는 전부를 이해하지 않는다. 상대가 불끈하고 있는 것을 보기만 해도 공포감이나 불쾌감 혹은 부끄러움 등의 감정으로 가득해질 것이며 이야기 같은 것을 냉정하게 듣고 있을 여유는 없을 것이다.

"변명 따윈 하지 마" 또는 "변명의 여지가 없어"라는 말밖에 들리지 않았다고 하면 어떨까? 상사가 희미한 온정을 담아 말한 "너에게도 사정이 있을지 모르지만……"도 아무 소용 없는 무익한 한마디가 될 것이다.

  인간의 대화의 상호 이해라는 것은 이와 같이 아주 적당한 것이라는 것, 이를 전제로 하여 대화를 한다면 커뮤니케이션하는 방법이 상당히 달라질 것이다.

부록

마음을 읽는 심리테스트

심리 테스트 ①
변명하고 마는 심리를 읽는다
―자의식도 체크

　자신의 언동에 대해 주위에서 어떻게 생각하고 있는가에 마음 쓰지 않는 사람은 없을 것이다. 이런 마음의 움직임을 공적 자기의식이라 부르는데 우리들이 변명을 하는 것도 이 의식이 있기 때문이다.

　일을 게을리하여 쉬었을 때 잘못하고 있다는 느낌이 들거나 왠지 모르게 침착하지 못한 것도 이 의식으로 인한 것이다. 그러면 "때로는 휴식도 필요하다"라고 자신에게 변명을 하게 된다. 혹은 지각할 것 같을 때 마음이 초조해지는 것도 똑같은 이유에 기인한다. 변명을 하나라도 하지 않으면 마음이 진정되지 않는다.

　공적 자기의식이 얼마나 강한가에 따라 변명하는 법이나 변명의 배경에 있는 심리가 달라진다. 여기서는 공적 자기의식의 정도를 체크함으로써 인간의 변명 심리로 헤치고 들어가보자.

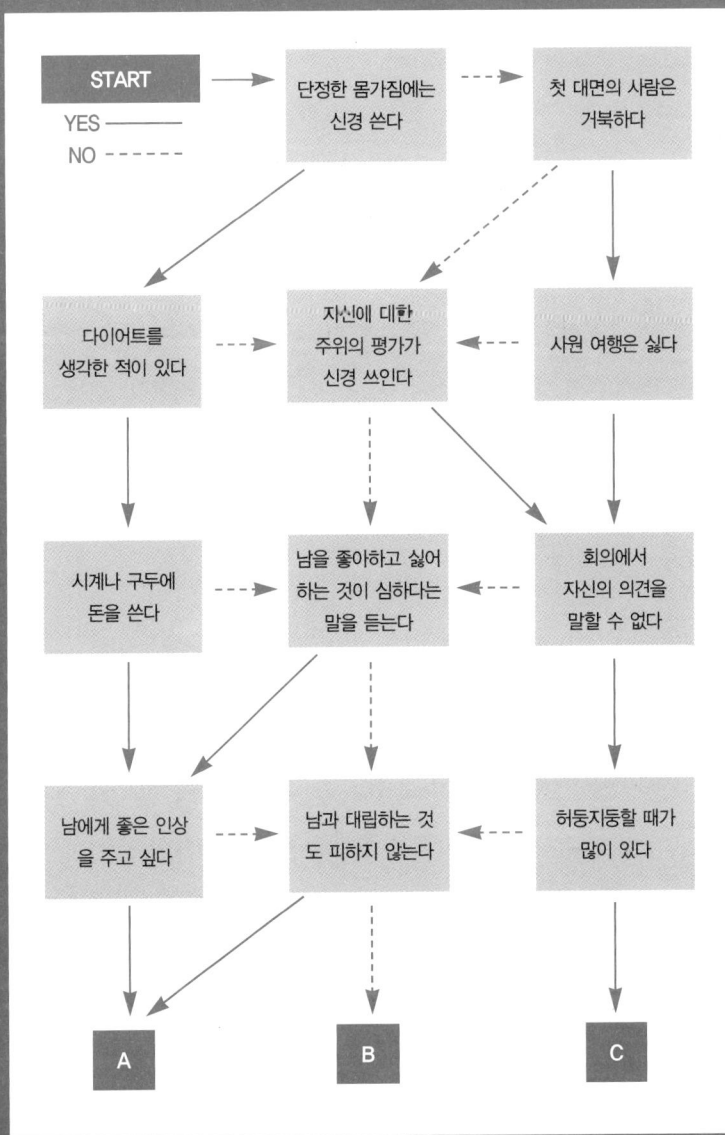

A

자기 편애 타입: 공적 자기의식이 강하다

자신에 대한 주위의 평가를 항상 신경 쓰고 있다. 매일의 언동에 신중하며 그 말이 주위에 어떤 인상을 줄 것인가를 충분히 계산하고 나서 입에 담고 있다고 생각한다.

때문에 그 자리를 모면하려는 유치한 변명은 하지 않고 단순히 사정을 설명만 하는 것이 아니라 그 변명에 의해서 자신에 대한 평가를 높이려 한다. "이러이러한 높은 사람하고 만나는 바람에 늦었다" 등의 자랑하는 듯한 표현, "내가 해야 할 일은 다 했다"라고 말하는 자기 편애의 표현이 되기 쉽다.

B

무사안일주의 타입: 공적 자기의식이 약하다

자신의 내면에 강한 관심을 가지고 있는 것만큼 주위의 눈은 별로 신경 쓰지 않는다. 자신의 페이스로 일을 하고 '안정된 사람'이라는 인상이 있다.

한마디로 말하면 무사안일주의. 따라서 변명도 자신의 평가를 높이거나 자신을 보호하거나 하기 위해서가 아니라 풍파가 일지 않게 하기 위해서나 인간관계가 벌어진 것을 만회하기 위해서 사용하는 경우가 적지 않다.

다만 자신을 포함해서 아무도 책하지 않고 원인도 특정하지 않은 무벌적인 변명("어쩔 수 없었다" 등)이 많기 때문에 '무책임한 사람'이라 평가받기 쉽다.

C

처신 일변도 타입: 공적 자기의식이 너무 강하다

사람의 언동에 과민하게 반응하여 불안한 마음에 빠지기 쉽다. 이것은 공적 자기의식이 너무 강하기 때문이다. 간단히 말하면 남의 눈이 신경 쓰여서 '자신'을 갖지 못하는 것이다.

이 타입의 사람의 변명은 처신 일변도로, 유치한 내용이 많다. 자신을 필사적으로 보호하려고 "열이 났다", "버스가 늦어졌다" 등 그 고비를 넘기는 변명을 한다.

또 남이 뭐라고 말하면 야단맞는다고 생각하고 과민하게 반응하여 조건반사와 같이 대화가 변명에서 시작되는 경우가 많다.

심리 테스트 ②
자신의 성격, 상대의 성격을 알 수 있다
―프러스트레이션 내성 테스트

　변명은 개인 정보의 보고다. 거기에는 그 인물에 대한 여러 가지 정보가 가득 차 있다. 변명의 내용을 분석해보면 일에 대한 자세는 물론이고 성격이나 가정 환경, 성장 과정까지 보인다.

　그것을 간단히 체크할 수 있는 것이 이 테스트다.

　심리 테스트 중에 외부 압력으로 인해 욕구불만에 빠졌을 때는 어떻게 대응할 것인가를 보는 것이 있다(프러스트레이션frustration 내성 테스트). 이하의 테스트는 그 응용편으로, 궁지에 몰렸을 때 어떤 변명을 할 것인가를 봄으로써 그 사람의 성격을 분석하려는 것이다.

　방법은 간단하다. 다음 장면 ①~⑤에서 자신이었다면, 동료나 부하나 상사였다면 뭐라고 변명할 것인가 제일 가까운 것을 선택지에서 하나만 고른다.

scene 01_ A씨는 거래처와의 협의에 지각하고 말았다. 약속 시간에 협의 장소에 와 있던 A씨의 상사는 화가 머리끝까지 나서 A씨를 야단쳤다.

"중요한 거래처와의 협의에 늦게 오다니 도대체 어떻게 할 심산인가!"

그때 A씨는 뭐라고 할까?

select——

a 죄송합니다. Y주임에게 잡혀서 그만······. 주임의 이야기는 길기 때문에······.

b 죄송합니다. 소요 시간을 잘못 계산하는 바람에.

c 죄송합니다. 나오려는데 전화가 걸려오는 바람에······.

scene 02_ B씨는 상사에게 기획서를 제출했다. 그런데 곧 호출되어 주의를 받았다.

"자네가 작성한 이 기획서, 오탈자가 많군."

B씨는 뭐라고 대답할까?

select——

a 워드프로세서를 사용하면 아무래도 잘못 변환하게 됩니다.

b 요즘 바빠서 주의력이 산만해져 있었습니다. 부끄러울 뿐입니다.

c 아, 그렇습니까? 곧 다시 작성하겠습니다.

scene 03_ C씨는 사귀고 있는 여성으로부터 이런 말을 들었다.

"당신이 그런 사람인 줄 몰랐어요."

C씨의 반응은?

select─
a 당신이 그러니까 이렇게 되는 거야.

b 나는 틀린 남자야. 자기혐오에 빠질 거야.

c 남자라면 누구나 한 번이나 두 번의 잘못은 있다고.

scene 04_ D씨에게 거래처 사장으로부터 클레임 전화가 걸려왔다.

"그쪽 회사에서는 사원을 어떻게 교육시키고 있는 겁니까!"

아무래도 D씨의 부하의 대응이 마음에 들지 않았던 모양이다. D씨는 어떻게 대답할까?

select─
a 요즘 젊은 사원들은 성격이 나빠서……. 바로 엄하게 주의시키겠습니다. 죄송합니다.

b 내가 부덕한 탓입니다. 죄송합니다.

c 두 번 다시 이런 일이 생기지 않도록 주의하겠으니 이번은 어떻게 용서해주십시오.

scene 05_

T씨는 대학 시절의 친구와 오랜만에 술집에 가서 한잔했다. 자연히 이야기는 샐러리맨의 고생담. 그때 친구가 툭 한마디했다.

"그런데 너도 힘들겠구나."

친구의 한마디에 T씨는 어떤 반응을 보일까?

select——

a 상사가 바보 같으면 고생할 거야.

b 나한테는 이 정도 힘밖에 없다는 거다.

c 샐러리맨의 숙명이지.

채점, 분석

모든 장면에서 선택을 했으면 곧바로 채점해보자.

a를 +5점, b를 -5점, c를 0점으로 하고 장면 1~5의 합계를 산출한다.

합계 점에 의해서 대략 다음과 같이 말할 수 있다.

+20점 이상 _어린애 같고 공격적

욕구불만을 스스로 잘 해소하지 못한다. 뭔가 곤란한 일이 생기면 자신 외에 다른 것에서 원인을 찾고 그것을 격하게 공격함으로써 마음의 불쾌감을 제거하려고 한다. 한마디로 말하면 욕구불만에 대한 내성이 없다. 요컨대 참을성이 없고 사회인으로서 미성숙하다. 어렸을 때부터 응석 부리며 자란 사람에게 이런 타입이 많다. 타인을 공격함으로써 자신의 잘못을 얼버무리고 모든 일이 잘 안 되는 데 대한 욕구불만을 해소할 수는 있지만 주위에 불쾌감을 남기게 된다.

+15~ +10

_궁지에 몰리면 패닉으로

사소한 곤란은 잘 처리할 수 있으나 궁지에 몰리면 냉정함을 잃기 쉽다. 예를 들면 책임을 전가하여 도망치려 하거나 변명을 늘어놓고 자신을 보호하려 한다.

굳이 말한다면 평소에는 낙천가로 보이기 때문에 그 양면성의 차이가 크다. 그만큼 주위 사람에게 '불안정한 사람', '문제에 약한 사람'이라는 낙인이 찍히기 쉽다.

+5~-5

_밸런스는 잡혀 있으나 약간 기대할 수 없다?

눈에 두드러지는 책임 전가는 하지 않고 곤란할 때도 적당히 처리할 수 있기 때문에 '밸런스가 잡힌 사람', '안정된 사람'이라는 인상을 준다. 다만 그만큼 '부족하다', '믿은 보람이 없다'는 등 마이너스 평가를 받는 경우가 있을지도 모른다. 실수 없이 일을 하고 있는데 비해 승진 리스트에서 빠지기 쉬운 타입이라 할 수 있다.

−10 ~ −15 _책임감이 강한 두목 기질

책임을 전가하다니 당치 않다, 책임은 이 내가 진다……. 문제가 일어났을 때 이렇게 생각하는 타입. 그렇다고 해서 무엇이든 떠맡는 것은 아니다. 자신만으로는 질 수 없는 책임도 있다는 것도 알고 있고 임기응변으로 문제 처리를 할 수 있다. 관리직에 적당한 성격이며 부하로부터도 존경을 받는다. 프러스트레이션에 대한 내성이 높기 때문에 외부에 대한 변명도 자신에 대한 변명도 적다.

−20점 이하 _고민이 많은 고독한 사람

책임감이 필요 이상으로 강하고 주위와 협력해서 해결해야 할 문제까지도 자기 혼자서 껴안아버린다. 그 때문에 고독하고 언제나 고민을 안고 있게 되면 스트레스가 크다. 주위에서는 책임감이 강하다며 추켜세우지만 그런 평가를 받으면 받을수록 궁지에 몰리게 된다. 누군가에게 상담하면 좋겠지만 그것도 할 수 없다. 자신의 수용 능력을 초월한 문제를 껴안으면 언젠가는 파탄이 일어난다. 어느 날 갑자기 출근 거부를 하게 되거나 신경증(노이로제)이 되어버리는 사람은 이런 타입에 많다.

심리 테스트 ③
상대에 따라 변명이 변하는 이유는?
—대인불안도 테스트

    변명만 하고 있다고 여겨지는 사람에게 그 자각이 있는가 하면 실은 그렇지 않다. 변명만 하고 있는 사람일수록 변명이 인사 대신처럼 되어버리고 본인은 변명으로 인식하고 있지 않은 경우가 많다.

    그러면 여기서 다음의 테스트를 해보자.

    일반적으로 대인불안이 강한 사람일수록 변명이 많아진다. 일종의 방어 반응이며 자신을 보호하기 위해 먼저 변명해버리는 것이다. 그래서 대인불안도를 체크함으로써 변명형 인간인지 어떤지 분석해보려 한다.

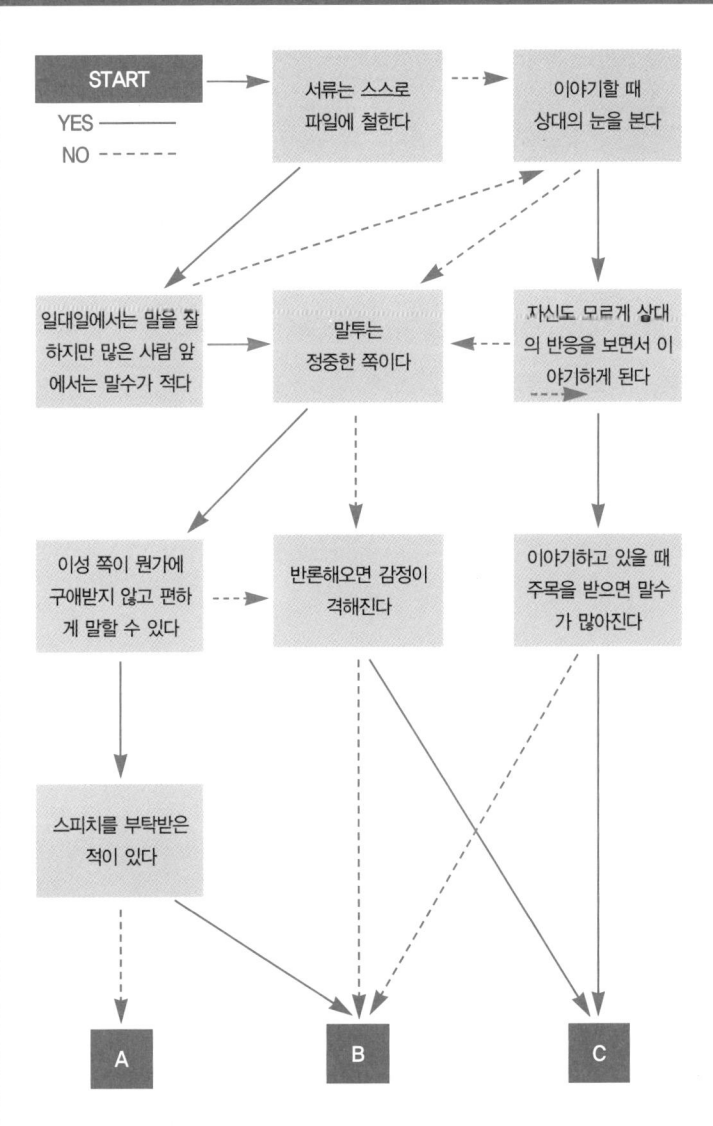

A

변명뿐인 인간: 대인불안이 강하다

대인불안이 대단히 강하다. 이 타입의 사람은 남에게 실수나 약점을 지적당하면 파블로프Pavlov*의 개**가 조건 반사로 군침을 흘리는 것과 같이 반사적으로 변명해버린다. 무의식중에 말해버리기 때문에 본인이 자각하고 있지 않은 경우가 많고 그 때문에 변명을 몇 번이고 반복하는 경우도 있다. 항상 변명에서 시작하는 부하가 있었다면 대인불안일지도 모른다고 생각하는 것이 좋다. 그것을 모르고 추궁하면 신경증에 빠져버릴 위험도 있다.

---

*파블로프Ivan Petrovich Pavlov 1849~1936. 소련의 생리학자. 소화샘의 연구에 의해 조건 반사 작용을 발견, 정신 활동의 객관적 관찰의 실마리를 발견하여 대뇌 생리의 기본 법칙을 밝혔다.

**파블로프의 개 파블로프 박사가 개에게 먹이를 줄 때 반드시 벨을 울려보았더니 먹이가 없어도 벨을 울리면 개가 군침을 흘렸다는 데서 조건 반사의 비유로 사용되고 있다.

B

변명 잘하는 인간: 대인불안이 있다

대인불안은 서양인에 비해 일본인에게 많다. 따라서 어느 정도의 대인불안은 일본인으로서는 보통이며 이 타입이 바로 표준적인 일본인이라 말할 수 있다. 바꿔 말해서 적당한 변명 인간이라는 것은 일본 사회에 적응하려면 필요한 것. 이 타입의 사람은 회사에서도 사생활에서도 양호한 인간관계를 유지할 것이다. TPO time, place, occasion에 맞는 변명을 나누어 사용할 수 있기 때문에 변명으로 인해 신용을 잃는 일은 없다.

C

변명 무용 인간: 대인불안이 거의 없다

어떤 사람이 상대라도 마이 페이스로 이야기할 수 있는 타입. 변명 같은 것은 하지 않아도 그 자리를 무마해서 넘기는 도량을 가지고 있는 사람이 많다. 다만 자칫하면 타인에게 엄하게 되기 쉬워서 변명은 하지 말라며 다짜고짜로 부하를 나무라는 등 정신적으로 약한 인간을 무의식중에 추궁해버리는 경우가 있다. 자신과 똑같은 완강함을 상대에게도 요구하는 것이다. 그것만 자각하여 조심하면 의지가 되는 상사로서 부하로부터 존경을 받을 것이다.

후기

　변명 잘하는 이는 천재 기질이 있는 아이디어맨일지도 모른다. 반대로 변명이 없다거나 변명할수록 나빠진다고 생각하는 사람은 머리가 딱딱하여 융통성이 없고 일을 잘 처리하지 못하는 경우도 있다.
　변명은 확산(발산)적 사고의 리트머스지다.
　지능 구조 모델의 제창자인 길포드는 창조적인 문제 해결을 필요로 하는 장면에서 여러 가지 아이디어를 논리에 구애받지 않고 확산적으로 탐색하는 사고 방법을 '확산적 사고'라 불렀다. 이에 대응하는 것이 수속(집중)적 사고로, 논리적으로 정해를 유도하는 사고 방법이다. 요컨대 변명을 잘하는 사람은 창조성이 풍부한 천재적 기질의 아이디어맨이다.

그런데 "말하는 자 죄를 없이 하고 듣는 자에게 경고한다"라는 말이 있다. 시라는 것은 노골적인 표현을 피한다. 그래서 작가는 이러이러한 말을 하였기 때문에 죄가 되는 일은 없고 듣는 자는 그 우의(어떤 일에 빗대어 뜻을 은연중에 나타냄)를 느껴 알고 경고할 수 있다(《속담 대사전》에서 인용)는 것이 본래의 의미다.

변명하는 자와 그것을 들은 자와의 사이에도 이 말과 같은 관계가 있는 것이 아닐까? 변명 그 자체에는 죄가 없다고 말할 수 있고 변명을 들음으로써 자신에게 경고할 수 있다는 것이다. 물론 죄를 만드는 변명은 논할 것도 없다.

이 책에서는 심리학적인 견해에서 변명의 심리를 해명하려 했다. 이 책을 지금까지 읽었다면 변명에 대한 견해가 변해 있을지도 모르겠다.

세련된 변명의 달인이 되면 그것만으로도 주위의 평가가 높아진다. 뿐만 아니라 인간관계가 원만해지며 교우 관계나 비즈니스 기회가 비약적으로 확대된다.

마지막으로 이 책의 편집을 도와준 여러분에게 감사드린다.

시부야 쇼조

이 책에서 든 변명의 사례

일에서 사용되는 변명(제3장)

이 기획은 처음부터 무리가 있었습니다!

그만 깜빡하고…….

죄송합니다. 좀 더 빨리 나왔더라면 좋았을 텐데…….

출근하려고 했는데 갑자기 열이…….

의사가 마셔서는 안 된다고 합니다.

어제 좀 과음을 해서…….

그만 얼굴을 넋을 잃고 보다 보니…….

이런 일은 다른 데에는 부탁할 수가 없습니다.

다음에는 마음에 드는 일을 줄 테니까.

거절할 수 없는 성격이라서.

아직 거칠지만······.

지금 막 돌아와서 허둥지둥하고 있다 보니.

마침 연락하려던 참입니다.

나가려는데 전화가 걸려오는 바람에······.

선례가 없기 때문에.

해본 적이 없습니다······.

모두 내가 감독을 소홀히 한 탓입니다.

아무리 타일러도 안 됩니다.

그 친구에게는 애먹고 있습니다.

부하에게 맡긴 내가 잘못입니다.

어차피 대단한 일은 없을 것이라 생각하고.

무슨 내용이었지?

실은 전화번호를 기재한 메모장을 잃어버려서······.

데이터가 날아가버려서.

너무 시대를 앞서갔던 거야.

이런 세상이니까 말이야······.

이런 회사는 내가 있을 곳이 아니야!

아마추어는 잘 맞는 법이야.

말의 산지를 잘못 알았다.

주임이 사람 부리는 방법을 모르는 겁니다.

아직 익숙하지 못해서…….

학교에서 배우지 않았습니다.

사실 버스는 믿을 것이 못 되더군요.

정산기 앞에 멍청한 놈이 있어서.

분명히 가방 안에 넣은 것 같은데…….

생활태도를 말해주는 변명(제4장)

결국에는 혼자서는 아무것도 할 수 없다.

이 회사가 어울리지 않는 거다.

열 살만 젊었더라도 과감하게 결단을 내렸을 텐데.

5년 전이었다면 독립할 수 있었을 텐데.

이 회사에서는 보너스라는 게 이런 거라고.

기억에 없습니다.

알람시계를 맞추어놓고 잤는데 어떻게 된 게 알람이 울리지 않아서.

빚쟁이를 만나는 바람에 움직일 수가 있어야지.

나카소네 수상과의 이야기가 길어지는 바람에…….

태양이 너무 눈부셔서…….

거기에 산이 있기 때문에…….

엘리자베스 테일러도 자주 지각한다고 하잖아요.

비서가 한 일이라 나는 모른다.

각 부장의 독단으로…….

앞으로는 팬티를 입지 않을 거야.

나는 잠을 못 자고 있었다고!

인생에는 돈보다 중요한 것이 있다.

샐러리맨 따윈 되고 싶지 않아.

돈은 사용하기 위해 있는 거다.

돈은 돌고 도는 것.

담배를 피워도 암에 걸리지 않는 사람은 걸리지 않는다.

참는 스트레스 쪽이 몸에 더 해로운 거야.

좋아하는 담배를 피우다 죽는다면 만족스럽다.

정색하고 있는 건 아니라고.

여러 가지 일이 있었지만 공부가 되었다.

이제 젊지 않으니까.

이제 나이가 나이니 말이야.

이 나이가 되면 기계에 익숙해지지 않아서 말이야.

우린 하고 싶지 않았는데 부모님이…….

나는 바보니까…….

나는 추녀니까.

여자인걸.

친한 사이에 입에서 나오는 한마디의 변명(제5장)

갑자기 일이 생겨서…….

남자에게는 여러 가지 일이 있는 거야.

여자에게도 여러 가지 일이 있어요.

진심은 당신뿐이다.

결혼한다고는 말하지 않았어.

서류를 받기 위해서였다고.

방에까지 들어와서 하지 않겠다니…….

하게 해주지 않으면 불쌍하잖아요.

바람기는 생활력이 풍부한 남자의 기질이다.

우발적이었어!

눈에 티가 들어갔을 뿐이야.

슬픈 게 아니다. 다만 분해서…….

지금은 아무도 믿을 수 없어요.

찬 것이 아니라 차인 것이다.

사랑하지만 헤어진다.

당신에게 폐가 되니까.

이제 만나지 않는 것이 좋을 것 같아서.

역자약력 홍명조

성신여자대학교 일어일문학과 졸업.
현재 보습학원을 경영하고 있으며 번역 업무에 종사하고 있다.
역서로서 「엄마 이렇게 가르쳐 주세요」, 「우리 아이 무엇이 문제인가」,
「히트 상품은 이렇게 해서 태어났다」, 「유태인의 성공 노트」 외 다수

사람의 마음을 읽는 기술 변명

초판 1쇄 인쇄일 2008년 4월 5일
초판 1쇄 발행일 2008년 4월 10일

지은이 시부야 쇼조
옮긴이 홍명조
기 획 김정재
마케팅 홍의식
디자인 미담 031-906-6054

펴낸이 하중해
펴낸곳 동해출판
출판등록 제302-2006-48
주소 410-380 경기도 고양시 일산동구 장항1동 621-32
전화 031) 906-3426
팩스 031) 906-3427
전자우편 dhbooks96@hanmail.net

ISBN 978-89-7080-174-2 03320

* 잘못 만들어진 책은 구입하신 서점에서 바꾸어 드립니다.
* 값은 뒤표지에 있습니다.